ツリーハウスで遊ぶ
TREEHOUSES

ポーラ・ヘンダーソン 著
アダム・モーネメント

二見書房

TREEHOUSES by Paula Henderson & Adam Mornement
Copyright ©Frances Lincoln Ltd 2005
Text copyright ©Paula Henderson and Adam Mornement
Japanese translation published by arrangement with
Frances Lincoln Limited, London
through Tuttle-Mori Agency, Inc.,Tokyo

1880年頃のエッチング画：ニューギニア島、コヤリ族のツリーハウス

はじめに

　人類は太古の昔から、木の上に家を作って住んでいた。それは部族抗争による外敵やジャングルの猛獣、洪水、マラリアなどの病気から身を守るためであった。その習慣は今もなお、ニューギニア島の少数部族が暮らす密林地域に残っている。
　また狩猟部族が住むジャングルでも、獲物を狙うために小枝や葉っぱでカモフラージュした原始的な見張り小屋が、鳥の巣のように掛けられている。
　このように人間の暮らしに古くから関わりのあるツリーハウスが、西洋社会においてはローマ時代から遊びの感覚でもてはやされるようになった。それまでの古典的で荘厳な雰囲気ただよう庭園や邸宅に、しだいに東屋風ツリーハウスが登場しはじめ、襟のボタンを一つ外してくつろげる空間作りへと変化していく。
　1990年頃、「秘かなブームを迎えている」と言われたツリーハウスも、今では"秘かな"という形容は消え、世界的な規模で大いに盛り上がりを見せている。なかには水力式リフトで天空の家に上がるものや、地上の屋敷に引けを取らない豪華で立派な機能を備えたもの、最新の建築工法が施されたものなど百花繚乱である。さらに新進気鋭の建築家によってデザインされた、木の温もりとは対極にあるような近未来のツリーハウスまでが、そのお披露目の機を待っている。
　このブームを裏付けるのように、写真集などツリーハウス関連の本が相次いで出版され、好評を博しているようだ。しかし、建築物としては短命で儚く、現存する長寿のツリーハウスには写真集でもお目にかかれない。わずかに残る資料や文献、伝承に接してみると、その建築工法に多少の違いはあるものの、いずれも個性があり、なにより情熱とロマンにあふれている。
　そこで私たちは、この際、ツリーハウスの歴史を時系列でまとめることにした。
　洋の東西を問わず入手可能な資料を徹底的に調べ、残る物件を訪ね歩いた。
　西洋におけるツリーハウスの資料には恵まれたので、「古代ローマ時代」「ルネサンス期」「18世紀〜19世紀」「現代」と、過去に流行った4つの時代のエピソードを蒐集することができた。しかし、残念ながら、東洋のツリーハウスに関しては資料も情報も少なく、ここでは限定的な紹介になってしまった。それでも、残された貴重な絵やスケッチなどから推察するに、西洋とは違う自然と森、樹木に対する接し方が見て取れる。むろん宗教、文化の違いも反映されている。

　本書では、世界中の人々に愛されるツリーハウスの魅力を「過去」「現在」「未来」の順で紹介していく。そして巻末には"マイ・ツリーハウス"を作る（持つ）ための簡単な基礎知識を収録してみた。じっくり眺めて、ツリーハウスの構造を知り、いつの日か作る"我が木の上の家"のプランを練っていただきたい。
　私たちも「樹上の小屋」が放つ不思議なパワーに魅せられたものの一人として、いずれ木に登りたいものである。

イタリア、アブルッツォ州 (SIME/AFLO)

INDEX

TREEHOUSES OF THE PAST
ツリーハウスのルーツを求めて
ポーラ・ヘンダーソン 8

TREEHOUSES OF TODAY
ツリーハウス探訪
アダム・モーネメント 40

Part1 樹上の家のルーツ 42
Part2 リゾート・ホテル 56
Part3 隠れ家づくり 106
Part4 未来篇 142

ツリーハウスの作り方 159

TREEHOUSES OF THE PAST
ツリーハウスのルーツを求めて
by PAULA HENDERSON

ウォーウィック伯爵夫人の
英国式庭園に（1905年）

16世紀の英国製テーブルクロス。ライオンに追われて木の上の小屋に逃げ込む裸人

古今東西を問わず、ツリーハウスの痕跡を探して、さまざまな歴史書・美術書、資料をひもといてみた。その作り方と建築技術、そして遊びの心……。歴史をさかのぼり、埋もれている先人たちの好奇心と知恵、想像力と夢の軌跡をたどってみよう。

The Bridgeman Art Library/AFLO

ジョン・バロウ著『A Voyage to Cochinchina』(1806年)の挿絵。樹上のブッダに初物の果実を捧げるヴェトナム南部の農民たち(ウィリアム・アレキサンダー画)

古代ローマ時代

　資料をひもとき、歴史をさかのぼれば、古代エジプト文明……。すぐれた古代文明が花開いた地域では、ツリーハウスの防衛機能などはなく、たんに蔦をからませただけの日除け棚が、灼熱の陽射しをさえぎる憩いの場であった。

　紀元前7世紀頃には、そんな日除け棚の下で涼むアッシリア帝国アシュルバニパル王の姿がレリーフに描かれている。国王はメソポタミアの強く照りつける直射日光を避け、木彫りの優雅なベンチに足を伸ばし、召使いからヤシの葉であおいでもらいながら、お妃とともに勝利の美酒（ワイン）に酔いしれている。

　その後、天然素材の日除け棚は、東屋（あずまや）へと形を変えていった。その軒先や庭を彩るバラやジャスミン、スイカズラの花は、艶やかな色彩と甘美な香りで五感を刺激し、甘い蜜をもとめてやってくる蜂や小鳥がアンサンブルを奏でて舞い踊る。こうして東屋風ツリーハウスは暑さや雨をしのぐためだけではなく、自然を賛歌し愉しむために利用されるようになっていく。

　このような新しい娯楽を紀元1世紀頃、古代ローマの博物学者プリニウスが『博物誌』のなかで書き記している。古代ギリシア・ローマの知識の集大成とされるこの第1級の古典書のなかで、ツリーハウスの記述が二つある。

　一つ目は、悪名高きローマ帝国3代皇帝カリギュラが、ヴェリトラエの庭園の大木に造った宴会用の樹上ホール。15人もの招待客と召使いが上がれるほどの大きさで、セレナーデが奏でられるなかで贅沢な宴が催された。皇帝はこの場所を安らぎの巣と呼んでいたらしいが、プリニウスは、「暴君が樹陰に身を隠し、みだらな行為をくり返していた卑猥な場所」と切り捨てている。

　二つ目は、大木の巨大なウロ（空洞）を利用したもの。リキュア地方（トルコ南西部）の執政官リチニウスが、従者18人をこの"天然の空洞房"に招いて宴を開いた記録がある。ウロの中では風雨にさらされることもなく、しとやかな雨音や木擦れの爽やかな風音を、優雅に楽しんだにちがいない。

　「リチニウスにとっては、豪華な装飾が施された仕事場より、木の体内の質素で静かな空間のほうが居心地がよかったのであろう」とプリニウスは記している。

浅浮き彫りの彫刻画（紀元前700年）

ルネサンス期（16〜17世紀）

●イタリア
　東ローマ帝国が1453年に滅亡して中世が終焉を迎え、ルネサンス期が始まったばかりの1499年、『ポリフィーロの狂恋夢』なる奇書がヴェニスで刊行された。フランチェスコ・コロンナの作と伝えられる怪奇な夢物語だが、その繊細な挿絵や装幀など製本技術はすばらしく、初期印刷本のなかで最も美しい本と称される。出版されるやその評判はイタリア中に広まり、さらにヨーロッパ各国で愛読者を増やしていった。そして同書に登場する古代ローマ時代のツリーハウスが、ルネサンス期におけるツリーハウス人気に一役買った。
　当時のイタリア半島は小国家が分立していたが、そのなかのフィレンツェ共和国で絶大な権力を握っていたのが、銀行業や商業で繁栄をきわめた大富豪メディチ家。一族を築いたコシモ1世は"フィレンツェの父"と呼ばれているが、彼がカステッロの別邸の中庭に造らせたツリーハウスは、画家によって初めて描かれたものだ。1580年にはフランスの画家モンテーニュが、1594年には英国人モリソンが現地を訪れ、樫の巨木に大理石の装飾と噴水を設けたツリーハウスを見て、その美しい調和に感動したという。
　メディチ家は、1599年にフランドルの画家ギュスト・アテンスを呼び、その権勢を誇示するいくつもの優雅な大庭園を描かせている。その一つに"大理石庭園"と呼ばれるフランチェスコ（コシモ1世の息子）のためにプラトリーノに造られた別邸の大庭園があり、そこに2棟のツリーハウスを確認できる。

アテンスが描いたメディチ家のプラトリーノ大庭園（1599年）

A（前ページ絵の中央下右）

　1棟（A）は、茂った樹冠の奥へ消える螺旋状の階段しか見えないが、別の画家による版画（下）では、精巧な螺旋状の階段が2方向から樹上に伸びているのが分かる。"樫の噴水"と呼ばれるこの樹上ホールは、直径8mの円形状に椅子が置かれ、テーブルの上に噴水の仕掛けがあった。この噴水が勢いよく水を吹き上げると突然スコールに見舞われたように水浸しになる。メディチ家の人々は親族や友人と、そんな樹上での水遊びに興じていたのだろうか。樹上のデッキからフィレンツェの町が見渡せたというこのツリーハウスも、嵐に吹き飛ばされて樫の木もろとも消えてしまった。

　2棟目（B）は、植木造作的で、樫の木を細い木で囲って剪定して枝と枝をからませて全体を一つのまとまった造形している。この絵では見えないが、デッキは樹木の下に隠れている。こんな形のツリーハウスは古代ローマ時代にも流行ったが、16世紀になってふたたび人気をとり戻した。

　たとえば、1560年代に懐古趣味の建築家リゴリオの設計によりエステ卿のチボリの別荘に作られた「ヴィラ・デステ庭園」（右ページ）。それはルネサンス期の整形式庭園の最高傑作の一つにあげられているが、その全景図の中央下に見える8角形の正体は、大木を柱として樹冠を整形して作られた自然樹の小塔だった。

B（中央上左）

デラ・ベラが描いた「樫の噴水」

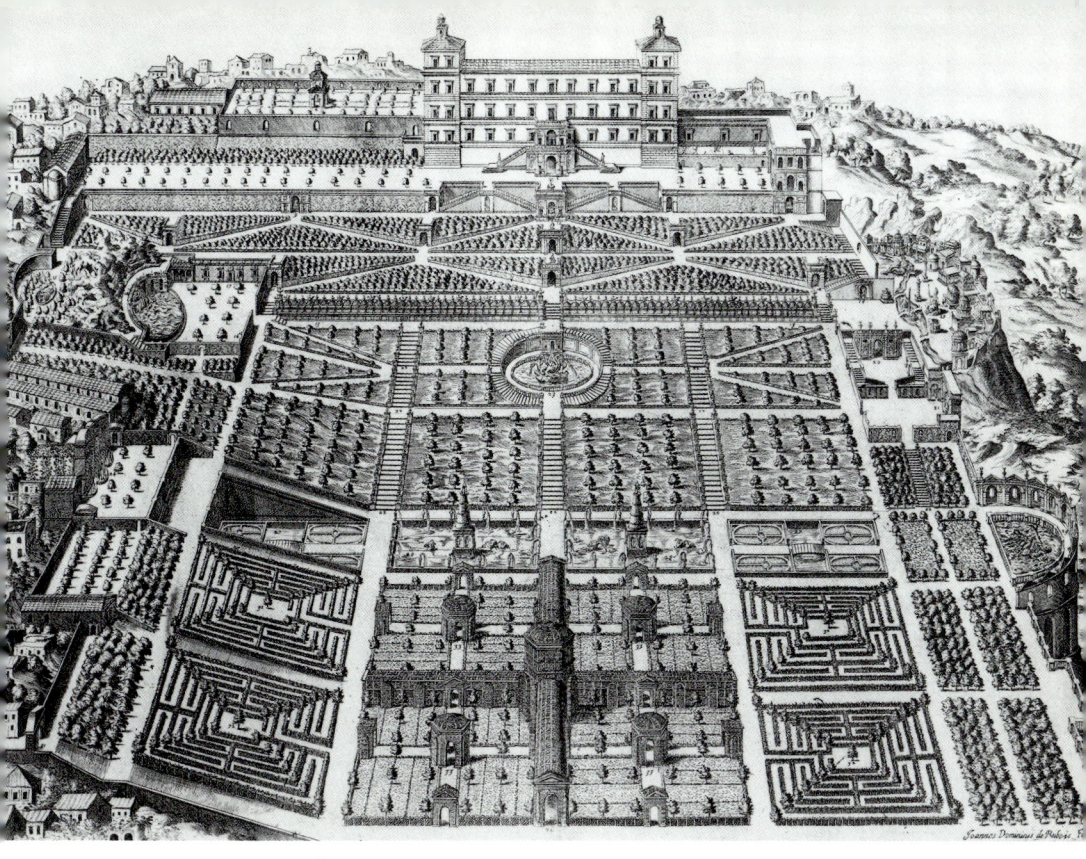

「ヴィラ・デステ庭園」の全景図（上）とフレスコ画（下）

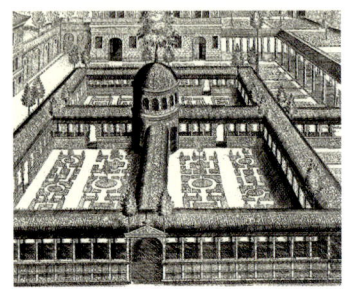

ツリーハウスを囲んで踊る村人

● フランドル地方

　生きた木を利用した緑廊や樹上の建物が、ヨーロッパ北部で普及していたことを示す記録がフランドル美術の絵画にも残されている。現在のベルギー、オランダにあたるフランドル地方を拠点に活躍した芸術家たちによる細密画は、やがてフランドル美術として花開き、多くの傑作を残した。

　当時活躍したオランダのブリードマン（1526〜1609）の画などからは、古代ローマの大庭園を彷彿させる整然としたたたずまい、緑樹廊は日陰をつくり、樹上亭は庭の鑑賞と社交ホールに使われていたことが見てとれる。

　ところで、これまでの資料は上流階級の趣味だったが、左下のエッチング画には、村人がツリーハウスを囲んで収穫祭を祝い、輪になって踊るのどかな村の風景が描かれ、庶民の生活とツリーハウスの接点を知るうえで貴重な資料である。

　幻想的な風刺画のなかにも、しばしばツリーハウスが登場する。当時の寓意画や風刺画に大きな影響を与えたフランドル絵画の巨匠ブリューゲルが描いた四季シリーズの油彩画『春』は版画家コックによる作品にもなっている（次ページ上）。この絵には汗を流して働く造園作業員を尻目に、貴族たちが樹上のホールで楽しげに宴を催している姿が描かれている。ブリューゲルの人間観察眼に写るツリーハウスは、怠けものの貴族たちが享楽にふける象徴的な場にすぎなかったのであろう。

庭園の噴水を取り囲むようにツリーハウスの回廊が延びる

コックによって描かれたブリューゲル作『春』の版画版（1570年）。左上隅に樹上のホールが描かれ、貴族たちが美酒に酔いしれ音楽を聴きながら宴会を開いている

また、ブリューゲルがキリスト教の「七つの大罪」をテーマに描いたシリーズ画中の『淫欲』には、師と仰ぐ画家ボッシュの風刺画『快楽の園』の影響が見てとれる。妖怪たちが群れ集い乱痴気さわぎをくり広げているなかに、玉子型のツリーハウスがそびえている。

どちらも無気味な作品だが、そこには堕落した聖職者たちがツリーハウスを隠れ家にして、欲望のままに悦楽行為にふける魑魅魍魎の世界が描かれている。

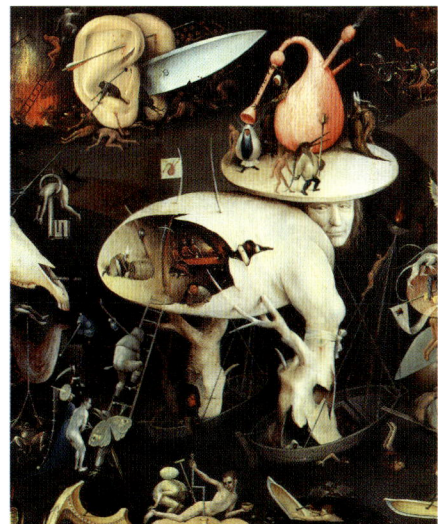

ボッシュ作『快楽の園』の部分（1510年頃）。人体をかたどった奇怪なツリーハウスが描かれている

ブリューゲル作『七つの大罪〈淫欲〉』（1558年）

● イギリス

　イギリスにおいても、樹上の東屋風ツリーハウスはチューダー王朝時代から庭園に造られていたようだが、絵画やスケッチのなかに登場してくるのは王朝終焉後からである。

　1485年にヘンリー7世の即位をもって始まった絶対王政、その最期を飾ったエリザベス女王1世が死去したのは1603年のことだった。

　イギリスの画家ロバート・ピークによって描かれたジェームズ1世の娘エリザベスの肖像画がある。彼女は後にボヘミア王妃となるが、この肖像画に描かれたときは7歳であった。

　幼くとも凛々(りり)しい王女の容姿、その背景は当時の英国庭園には付きものの小高い丘。その左上の森に、ツリーハウスが垣間見える。

エリザベスの背景に樹上の東屋がひっそりと建っている。よく見ると3層になっていて展望楼のようなたたずまいである

その後は、1640年にロンドン郊外のサリーでスケッチされたもの（A）、1626年にシュロプシャー州ドットヒルのある屋敷案内図に描かれたイラスト（B）、そして1700年に刊行された地誌「ハートフォードシャーの古事」のイラスト（C）にもツリーハウスが確認できる。

　16世紀後半には、ケント州コブハムの地に立つシナノキの巨木に50人が上がっても平気な立派な3階建ての樹上ホールが存在していたことが、博物学者ジョン・パーキンソン著の植物園芸図鑑（1629年刊）に記されている。

　しかしながら、この時代に作られたツリーハウスはもはや跡形もなく消え、どんな形状でどんな使われ方をしたかを知る手掛かりは残っていない。とはいっても、ツリーハウスの愉しみ方に古今の隔りはさほどないだろうが……。

A. ロンドン郊外、サリー州ワトンの敷地の庭に建てられた書斎部屋

B. 1本の巨木に2棟のドーム型ツリーハウスが載っている

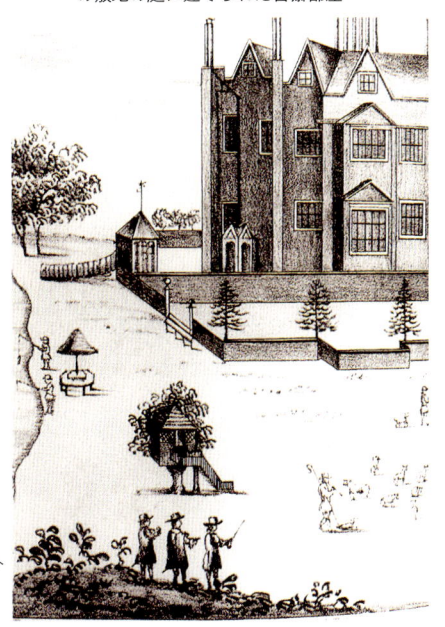

C. 1700年刊行の地誌「ハートフォードシャーの古事」より

そんななかで、今なお現存する世界最古のツリーハウスがシュロップシャー州ピッチフォード・ホールの丘に建っている（写真右）。

正確な記録は残っていないが、最初に建てられたのは17世紀頃とされている。文字による最初の記録は、1714年のジョン・ボビエンの署名によるもので、

「シナノキの巨木の大枝に正方形（2.5m×2.5m）の建物が座しており、木製の階段を上がって中に入る……」と書かれている。

18世紀末に敷地内の大改装がはかられたときに消滅の危機があったが、当時のオーナーはツリーハウスを撤去せずに残すことを決断した。壁を保存する漆喰を塗るために左官職人が呼ばれ、扉や窓は迫持（せりもち）アーチ状につけ替えられた。室内は繊細で華麗なロココ調をモチーフに装飾され、この由緒あるツリーハウスはみごとに一新された。

健全なシナノキの寿命は1000年にも及ぶといわれるが、ツリーハウスの荷重負荷を何百年も背に受けながら、今も春になると新緑の葉を空にのばす威風堂々たる姿は、歴代オーナーによる適切なメンテナンスがあってこそ。最近になって鉄柱で下から枝を支えるなどして、この世界的遺産の保存がなされており、地域の第1級歴史建造物に指定されている。

現存する世界最古のツリーハウス。両腕を広げたような逞しい太い枝。こんな木を見つけたら、誰しも家を載せてみたくなるだろう

樫の空洞を頂上まで螺旋階段が突き抜ける

　さて次に、上の版画は1653年、銅版画家ヴェンツェスラウス・ホラーが、ハンプステッドの樫のてっぺんに造られた有名な樹上ホールを描き残したもの。
　記録によると、巨木の幹の空洞から入り、螺旋階段をぐるぐる登って、頂上に設けられた展望台に達するというもの。デッキ上には6人掛けのベンチが据えられ、さらに十数人が立って話せるほどの広いスペースがあったらしい。
　幹の空洞を貫通する螺旋階段のからくりは詳しく記されていないが、この「ホロー・ツリー（空洞の樹）」と呼ばれた樫の巨木は、その後も多くの人々に語り継がれて伝説となった。
　かの有名なロビンフッドとその仲間は、ノッティンガムのシャーウッドの森の樫の巨木に暮らしたことになっているが、その伝説にあやかってこの「ホロー・ツリー」も当時はかなりの人気を得たらしく、シャーウッドの森に存在する樫の巨木には、今も多くのロビンフッド・ファンが訪れる。

この家はパブだったのだろうか? まだツリーハウスが流行っていなかった18世紀の絵画(1770年代アンソニー・デイヴィス作)

Notre établissement dans l'arbre (page 44).

一世を風靡した「ロビンソン漂流記」のツリーハウス

● 18世紀後半〜19世紀前半（ロマン主義の台頭）

　18世紀中頃から、イギリスを中心にそれまでの人工的な整形式庭園に対して、もっと自然を賛美しようという自然風景式庭園がとり入れられるようになってくる。その風潮にともない、木の整形によって造られていたルネサンス期のツリーハウスは、しだいに姿を消していく。

　イギリスでのこうした動き、さらにフランスでは哲学者ルソーが「自然回帰」の思想を唱え、ヨーロッパ全体に原始的な自然への回帰を求める気風が漂っていった。そんな背景のもと、1813年に『ロビンソン漂流記』（ヨハン・ルードルフ・ウィース著）が刊行される。航海中に難破したロビンソン一家が、漂着した南海の無人島で巨木にツリーハウスを建て、サバイバルな暮らしをくりひろげる冒険小説（左ページの挿絵参照）。この世界中で翻訳された大ベストセラーは、ディズニー映画にもなって大反響を呼び、不朽の名作となっている。（日本では「ふしぎな島のフローネ〜家族ロビンソン漂流記」というテレビ・アニメにもなった）。

　この影響を受けて、どれだけツリーハウスが世界各地で建てられたことだろう。

　同書に感銘を受けたあるフランス人は、18世紀後半にその名も「ロビンソン・パーク」という公園をパリ近郊にオープンした。半世紀後、公園を訪れたパリのレストラン経営者ギュースキンは、園内のあちこちにそびえるクリの大木を見て、いつの日かツリーハウスの楽園地にしたいと夢見る。

　そして彼は夢を夢で終わらせることなく、ついに園内でもとくに大きなクリの木に樹上レストランをいくつもオープンさせた。その東屋風のレストランは木の補強柱で支えられ、料理はバスケットに入れてプーリー（滑車）で引き上げていた。

　このツリーハウス・レストランにより大盛況となったロビンソン・パークは、その後もたんに食事をする場としてだけでなく、ダンス場や遊戯場、結婚式場としても賑わいを見せ、20世紀初頭まで多くの人々にロマンを与えつづけた。

ポストカードになったパリ近郊の「ロビンソン・パーク」

1819年に刊行された庭園装飾に関する学術論文に登場するツリーハウス

　19世紀に入ると、フランスでは自然や風景を重んじる庭園趣向のブームも落ち着きを見せはじめ、しばらくなりを潜めていたツリーハウスも、素朴ながら人目をひく脇役として庭園に戻ってきた。
　しかもそれらは、遊びの要素を多く取り込んだより娯楽性に富んだものに進化していた（左の絵を参照）。
　ブルゴーニュの森には、パラソル型の大きな屋根をもつ洒落たデザインの展望ツリーハウスもお目見えしたり、バカンスを過ごす保養地などにもバラエティに富んだツリーハウスが登場してくる。上の絵は1855年に画家ヴィクトル・プティが描いたパラソル型の庭園東屋の一例である。

このシンプルで愛らしいツリーハウス「ロビンソン」は、1902年、ウォーミック伯爵夫人のためにデザインされて造られた

　やがて20世紀を迎えると、イギリスでもツリーハウスが徐々に復活の兆しを見せはじめる。
　造園設計士のハロルド・ペトがウォーミック伯爵夫人のためにデザインしたツリーハウスは、1902年にエセックス州のイーストンロッジに建てられた。10人ほどが一堂に会せる樹上ホールに付けられた名前は「ロビンソン」……。なるほど、『ロビンソン漂流記』のロマンは時代を超えて息づいているのである。あるいは、ツリーハウスに託す夢というのが普遍なのかもしれない。

「ロビンソン」のデザイン画。手すり付きのがっしりした階段に伯爵夫人への配慮が見られる。枝は4本の支柱でささえられ、ホストツリーはホールを突き抜けている

　時を同じくして、世界の紅茶王として名高いリプトン卿が、エンフィールドにある自邸の"樹上茶室"で優雅にティータイムを楽しんでいる貴重な写真も残されている（次ページ写真参照）。
　また、海を超えたアメリカでは、ニューヨーク州北部のキャットキル山脈の麓に建てたツリーハウスを書斎とするハンフリー女史が、1914年に庭園建造の実用書『ガーデン・アーキテクチャー』を出版した。その12章は「ツリーハウス──癒しの隠れ家」と題され、おそらく世に初めて出た樹上建造物のマニュアルであろう。中身は、「カラスの巣の作り方」という副題のもと、樹上に基礎デッキを載せて階段と手すりを取り付けるまでの簡単なイラスト解説がしてある。20世紀にアメリカで急速な広がりを見せたツリーハウスの普及に、この本が一役買ったことは無視できないだろう。

さすがは世界の紅茶王リプトン卿。なんとも粋な樹上のカフェテラスでのお茶会。下で召使いが控えている

● 東洋におけるツリーハウスの歴史

　東洋のツリーハウスの歴史をまとめる作業はとても難しい。というのは、その文化体系があまりに複雑であるのに加えて、資料そのものがとても少ないからだ。

　はっきりしていることは、東洋独特の世界観である「アニミズム思想」が東洋文化圏においては大昔から根強く信仰されてきたことである。したがって、「山川草木にも霊魂の存在を認めるアニミズムの風俗習慣において、ツリーハウスが広まるための思想的土壌がほとんどなかった」と考えるのが自然であろう。

　日本では古くから、満月の夜に月を眺める儀式（お月見）があり、その夜は浄められた縁側にススキやハギを飾り、お団子をお供えして月の神を迎えるという風習があった。

　立派な日本式庭園に建てられた高床の縁台から、庭の池に映る黄金色の満月を楽しむ光景というのは、想像しただけでもなんとも風雅な趣である。

　京都に境内をかまえる東福寺の通天橋（右の絵）は、敷地内の渓谷に架けられた橋廊であるが、谷沿いに生える楓の木々は、秋を迎えると葉が3種の黄金色に染まることで知られており、俗に"通天紅葉"と呼ばれている。

　古くから通天橋から眺める渓谷の美しさは僧や文人墨客の吟詠をさそったが、今なお四季を通して楓が見せる七変化の美しさに、訪れる日本人は心を清められるという。

　日本のこのような高床式縁台や橋廊を見ると、自然美の堪能という点において、ツリーハウスの楽しみ方との根本的な共通点を東洋文化のなかに見いだすことができる。

　中国や日本のように、千数百年前から木造建築の優れた技術をもっている歴史のある国では、ツリーハウスもどきの建造物がいくつか建てられていたに違いない。今のところ目ぼしい文献は見当たらないが、いずれ美術館か画集などで巡り合うだろう。

　現在、日本ではツリーハウスが各地に造られているという。豊かな自然に恵まれた木造建築の伝統をもつ国に、今後、遊び心のあるツリーハウス・ビルダーが育つ土壌は備わっていると言えよう。

　東洋のツリーハウスの歴史を語るうえで欠かせない資料を二つ、最後に挙げておこう。

　まず、古いペルシャの一幅の絵を見ていただきたい（次ページ参照）。

　生木をそのまま支えとして利用する建築工法が、イスラム美術の貴重な写本挿絵のなかに見てとれる。これはイランの旧ペルシャ時代に描かれた庭園絵画だが、若き王子と思われる貴族が樹上デッキに鎮座し、宮廷の天女と宴を開いている姿が細密画で描かれている。

京都にある東福寺の通天橋から、秋の紅葉を楽しむ日本人の姿が描かれている

ペルシャの細密画に描かれた樹上の玉座。王子に御馳走を運ぶ女官たちには天使の羽が生えている

偉大なる哲人から樹上で講義を受ける王子

　もう一つ、木の上が教養の場として利用されている光景が、ムガール帝国時代（1526〜1858年）に編まれた書に収められた挿絵に描かれている。この本はインド北部がイスラム教徒によって統治されていた1588年、第3代ムガール皇帝アクバルによって編纂されたもの。樹上に組まれた桟敷の上で、若き王子に詩歌を詠み聞かせている人物は、12世紀のペルシャの哲学者アンバリ。アクバル皇帝は幼いころよりアンバリの詠んだ詩歌が大のお気に入りだった。

現代の児童文学『ゾウのババール』に登場するモンキー・タウンのツリーハウス・ビレッジ。ホストツリーを使ったレストランや、枝から吊られた巣箱のようなかわいい家が、子どもたちの想像力をかきたて夢を与えつづける

●現代のツリーハウス

　ツリーハウスに「子どもの秘密基地」というイメージがつきまとうのは、その背景に、前述した『ロビンソン漂流記』の影響があるからだろう。
　しかし、20世紀に入ると、新たな児童文学にしばしばツリーハウスが登場するようになる。それを読んだ子どもたちが、木の家に憧れを抱くのは当然だろう。
　なかでも『ターザン』や『ゾウのババール』、『クマのプーさん』などは世界中の子どもたちに愛読され、やがて映像化されることになる。とくに『ターザン』は映画で、『くまのプーさん』はディズニー・アニメで世界的に大ヒットした。
　最近のファンタジー映画のなかでは『ロード・オブ・ザ・リング』が人気を呼び、大人も子どもも映画館に足を運んだ。作家トールキンの原作小説のなかでは、森の種族エルフの隠れ里ロスロリエンの住み家が、金色の葉をつける幻想的な木として描かれている。

世界的なベストセラー小説『ロード・オブ・ザ・リング』の挿絵

家主のフクロウを待つクマのプーさん

（上）1934年に初めて製作されたアメリカ映画『ターザン（Tarzan's Loves）』より。ジャングルの木の上にチンパンジー"チータ"と住み、冒険をくり返すターザンは、世界中の少年少女たちのヒーローとなった。映画はシリーズ化されて、今だに根強いファンをもつ

（左）ツリーハウスを造って遊ぶアメリカの少年たち。4本の細い木を利用して、二階建てを楽しそうに建築中。ニューヨークのリバーヘッドにて（1967年）

ALAMY/AFLO

　子どもは純心で情熱のかたまりだ。世界中の子どもたちがツリーハウスが登場する絵本や児童小説を読んだり、テレビや映画を観たりして心を動かされ、夢をふくらませる。そして、なかには材木を拾い集めてきて木に釘で打ち付け、見よう見まねでツリーハウス作りに挑戦する子もいるだろう。
　初めは思いどおりに造られなくてあきらめた子、お父さんに秘密を明かして手伝ってもらった子……。
　そんな少年少女が、やがて大人になっても夢をもちつづけ、森や雑木林のなかにいい木を見つけてツリーハウスづくりに挑戦する。今日のツリーハウス・ブームの一端を、本や映画から学んだ彼らが担っているとみて、どうやら間違いなさそうである。

TREEHOUSES OF TODAY
ツリーハウス探訪
by ADAM MORNEMENT

ツリーハウスの用途も多様化されてきた。「隠れ家」としてだけでなく、落ち着いて仕事のできるオフィスやアトリエ、ホテルなどにも使われはじめた。
　それは自然や樹木に対する意識が変わり、森と木の知識が深まったこと、あわせてツリーハウスの建築工法が進化し、電気・水道・ガスの敷設も可能になったことが挙げられよう。しかし、もっとも大きな要因は、森に癒されること、木の息づかいがもたらすヒーリングに、少なからぬ人たちが気づきはじめたからだ。
　木の上の小屋には、夢と遊び心が、いっぱい詰まっている。「文化とは夢のある遊びの具現である」という諺があるが、"文化"を"ツリーハウス"に置き換えると、イメージが具体化する。
　世界各地のさまざまな条件のなか、木の上の家に魅せられて製作に携わったクリエーターたちを訪ねてみた。

Part1 樹上の家のルーツ

イリアンジャヤのジャングルに暮らすコロワイ族のハンター。頭上にツリーハウスが浮かんでいる

密林の元祖ツリーハウス
KOROWAI'S TREEHOUSE　ニューギニア島、イリアンジャヤ

見た目の危うさに反し、意外にしっかりとした造り。建てて5年はもつらしい

　オランダ人宣教師ヨハネ・ヴェルドハイゼンが、ニューギニア島の西半分を占めるインドネシア領イリアンジャヤ地域（現在のパプア）の密林深くでコロワイ族と初めて遭遇したのは、1978年10月4日のこと。そこには古代のままの戦闘部族の「樹上の家」が空高くに浮かんでいた。

　コロワイ族のツリーハウスは、失われた南太平洋に残された大昔からの伝統を垣間見る機会を与えてくれる。ほんの数百年前まで赤道直下のジャングルで生活していた部族は外敵（敵対部族、猛獣、病気）から身を守るために、こんな形態の住居に住んでいた。

　住居は地上10～12mの高さにあり、なかには40mの高さの樹上に建てられたものもある。さながら大きな鳥の巣のようで、見た目にはなんとも危なっかしいが、ちゃんと補修をほどこせば、5～10人の家族が食糧と生活道具一式を載せて暮らしても5年くらいはもつ強度を備えている。

このツリーハウスは、先祖代々の土地に建てられているが、部族内の階級や神霊信仰を映しだしたものとして、人類学的にもきわめて重要である。
　例えば、ある樹上家屋では男性と女性では居場所が分けられる。さらに大きな樹上家屋になると梯子や入口まで男女別となる。梯子は柱材に足指を引っ掛ける刻みがあるだけの原始的なものもあるが、それらの梯子や入口にも、部族の繁栄を祈って狩猟で捕らえた動物の脂肪が塗り込んである。

　火を焚くのは家の真ん中と決まっていて、寝るのも食事をとるのも火を囲って行われる。樹上の焚火（たきび）は床に空けられた穴。その穴に焚火台となる木製のカゴをすっぽりとはめ込むのだが、カゴが穴から落ちないように丈夫な蔓（つる）で吊っている。カゴの底には大きな葉が幾重にも敷きつめられ、その上に土を盛って火を焚くのだが、もしも炎上して火事になりそうになったら、蔓を切ってカゴごと地面に落下させるらしい。
　ホストツリー（ツリーハウスの支柱となる木）として選ばれるのは、立派なバニアンの木や現地でワンボンと呼ばれる大樹。コロワイ族はまず土台を床下に組んでから本体の床となる基礎づくりにとりかかる。基礎はホストツリーだけでなく、家の大きさによって土台に4〜10本の柱を立てて全体で支える。

命綱なしで平然と素登りするコロワイ族の男衆

ツリーハウス作りは共同作業で一気に立ち上げる

　床には丸材を敷きつめるが、どうしても隙間が空いてしまう。コロワイ族の人たちはこの隙間から悪霊が忍び込んでくると信じており、樹の葉や茎などを用いて入念に隙間を埋めていく。その上に厚い樹皮を敷くだけで床は完成。
　壁の骨にはサゴヤシの葉柄（ようへい）を使い、残ったサゴヤシの小葉は屋根を葺くのに使われる。サゴヤシの幹の髄から採れるサゴ（澱粉）はコロワイ族の日常の主食でもあり、儀式の席で中央に並べられる昔からのサゴ料理の御馳走もある。さらに生計を支える主要な物々交換品としても重宝されており、サゴヤシは正しくなくてはならない生活必需品といえる。
　部族間の縄張り争いがなくなった今でも樹上の家を作る理由は、二つ挙げられる。一つは「猛獣・洪水・熱帯の風土病」対策。もう一つは、「樹上住居は悪霊を寄せつけない」という信仰上の風習をコロワイ族の人々が頑（かたく）なに貫いているからだ。
　その数3000人余りといわれるコロワイ族は外の世界から完全に孤立している。この地域の部族に関しては情報が少ないだけに、いまだに伝統的人肉食の風習が残っているだとか、250の部族が血で血を洗う闘争を繰り広げている、などといった野蛮な噂が絶えない。
　コロワイ族はアニミズムに根ざした霊魂不滅説を深く信仰しており、すべての死は悪霊の魔力による仕業であると信じている。よって、そもそも「目には目を、歯には歯を」の復讐劇や"決着をつける"などということはなかったのである。
　イリアンジャヤ地方がインドネシア政府の領土となったのは、当時の宗主国オランダが東インドネシアから撤退した1963年のこと。そこに住む人々の暮らしは、インドネシアの主流であるイスラム教信仰による風習文化とはまったく別物であり、その統合は民族不和を招く恐れもあったが、当時の政府は領土拡大政策を突き進み、この地をも手に入れた。政府はいま天然資源の宝庫としてこの地の開発を進めているため、コロワイ族とその樹上暮しの未来はおぼつかないものとなっている。

炎を中心に輪をかこむ。太古の昔から変わらぬ習慣

　ニューギニア島の西半分を占めるイリアンジャヤの人口は190万人。広大な熱帯雨林、山頂に雪化粧をほどこす高山、豪快に流れる河川など豊かな大自然が残る大地。その地下は銅、金、原油の潤沢な貯蔵庫となっている。政府はイリアンジャヤ地方に眠るこれら天然資源の開発を進めると同時に、都市の人口過密対策（インドネシアは世界第4位の人口を有す）として、この地を移住奨励地としている。その開発政策に対し、原住民である部族の人々が口を挟むことは許されていない。

　インドネシア領となって40年になる現在も、コロワイ族は本土からもたらされる異文化に取り込まれるのを拒み、部族の伝統文化を忠実に守りつづけている。
　20年以上に及ぶ宣教師の熱心な布教活動にもかかわらず、改宗者は長い間一人もいなかったが、最近では一人、また一人と、村から離れていくらしい。
　コロワイ族の伝統と文化が消えてしまうのは時間の問題かもしれない。
　それでも今はまだ、我々が記憶の彼方に忘れ去ってしまった生活様式のなかで、彼らは懸命に生きている。

自然を守る砦
PROTEST TREEHOUSE　　イギリスとアメリカの自然保護活動

　1990年代に世の注目を浴びたツリーハウスを挙げるとしたら、自然破壊につながる道路建設に対する抗議行動の拠点として造られた"樹上のボロ小屋"だった。

　とりわけイギリスの抗議活動は行動的で、生半可なものではなかった。

　1993年に反対運動家がとった行動は、ニュー・カッスル郊外にあるジェスモンド・ディーン公園での座り込みだった。そこでは1960年代、まだ世間が道路建設が自然環境にもたらす悪影響について無関心だった時代に計画された高速道路の工事が進められていた。その必要性に疑問をもつ市民反対家たちは、公園内に自生する180本もの立派な大樹が次々と伐採されていくのを黙って見過ごすことができなかった。

　それを実力で阻止しようとする集団「フラワーポット族」が公園内に集結したのは同年6月。彼らの目的は樹木伐採を少しでも遅らせることだったが、数週間後に当局側との摩擦が限界に達し、まさに一触即発の事態となった。そのとき自然にとられた行動が、木に登っての"樹上座り込み作戦"——。

　彼らは次々に木に登ってハンモックを吊るし、防水シートをかぶせて一晩のうちに樹上の砦にたてこもった。

　数カ月後、「鳥の巣城」はしだいにその数を増やし、立派な造りになり、やがて各小屋をロープで連結した。この一風変わった抗議行動は、結果的には伐採を阻止するには至らなかったが、以後、ヨーロッパ各国やアメリカにも飛び火して樹上の一大ムーブメントの先駆けとなった。

　場所は変わってデヴォン郊外のフェアミル村。1994年、この地のホニトン〜イクスター間を結ぶ全長20kmの道路建設が計画されていた。

　これに反対して結成されたのが環境保護団体「トゥイグルー」——「Twig（小枝）」と「Igloo（エスキモーの家）」を掛けた造語——が抗議行動のシンボルとして樹上の砦のツリーハウスを構築した。手つかずの自然が残る周辺の森や田舎の風景を消滅させる道路建設が許せなかったからだ。

　かくして、その後2年におよび樹上のツリーハウスと地上のキャラバン、さらに地下トンネルの三位一体の抵抗デモへと発展していったが、なかでも環境保護主義者のダニエル・フーパーは、地下壕を掘るという奇抜な抗議ぶりから、"スワンピー（沼男）"の異名をとってイギリスじゅうに知れわたり、しばらくお茶の間の話題をさらった。

　ここにはみごとに繁る樫の木の林があり、なかでも一番大きな樫の木は樹齢400年を超えていた。反対派はラテン語で自らを"カーカス（樫の木）"と名乗っていたが、写真家のイングリッド・クロフォードは木の周りに壕を掘ったり、樫の木を廃材バリケードで囲んだりしてなんとか伐採を食い止めようとした。

　突破されたときは、三位一体の混成チームからなる阻止隊が待機していて、警察隊との衝突は日常茶飯事だった。

3年間におよんだ樹上占拠デモ（イギリス、フェアミル村）

フェアミル村の雑木林にぶら下がる籠城ツリーハウス

　木を見上げると、地上25mの高さにツリーハウスを建てた輩（やから）もいれば、小型ボートを吊り上げてロープで木に縛りつけ、その上に毛布を掛けただけの大胆な代物に寝泊まりしている強者もいた。
　どの小屋もにわか造りだったので、風にあおられて揺れ動く様は見るからに危なっかしかったが、見方によれば、なんとも心地よさそうだった。
　しかし樹上へ登るのは容易なことではなく、ザイルを装着して枝をすり抜けながらたどりつくものや、素登りで手足だけを頼りによじ登らなければならないもの、なかには仲間のツリーハウスを乗り越えて自分のアジトへ這い登らなければならないものまであった。
　どれもお世辞にも洒落た物件とはいえず、しかも多くの危険をはらんでいた。ほとんどがカーゴネットやハンモックを吊るし、ロープを屋根の梁として張り巡らし、防水シートでおおったものだった。
　さらに小屋と小屋を繋ぐ"空中歩道"はたんにロープが2本張ってあるだけの、まさに命がけの綱渡り方式だった。

吊り上げられたボート

　クロフォードの脳裏に鮮明に残っているシーンがある。強制撤去の前夜、樹上の砦が『スター・ウォーズ』のイウォーク族の樹上集落のイメージと重なった。
　「そう、樹上から漏れる明りが、風に吹かれる大きなロウソクの炎のように揺れ、それは儚くも、なんとも美しいシーンだった」と、写真家は回想する。
　ひとたび強制撤去の令が下ると作業は速かった。黄色いジャケットに身を包んだ警察隊は、鉄条網で抵抗の地を取り囲むや、手際よく樹上や地下壕に座り込んだ人たちを排除していった。それでも、反対派は容易に権力に屈することなく、地下壕で互いの体を縛り合い、最後まで抵抗を試みた。その姿は惨めなものだったが、真剣な眼差しと態度は純心そのものだった。
　道路建設は阻止できなかったが、この抗議行動により、当初の見積もりを1000万ポンド（約20億円）も上回るコストが余分にかかってしまった。
　しかも、メディアによる再三の報道により、新道路建設に対する市民の反対の声がイギリス全土に広まり、当時の保守政権は公共事業における政策の見直しを迫られることになった。

森のジャンヌ・ダルク
JULIA BUTTERFLY　アメリカ、カリフォルニア州

　イギリスだけでなく90年代には"開発"から自然環境を守ろうという運動が世界的にわき起こり、体を張った市民が各地で抵抗を試みた。

　なかでもその名が世界中に知れ渡った女性が、ジュリア"バタフライ"ヒル。ジュリアは、1999年12月18日に地上に居り降りてくるまでの738日間、一度も地面に足を降ろすことなくアメリカ・カリフォルニア州レッドウッド山中の木の上で"森の番人"を務めた。

　その目的は、ハンボルド群に広がる広大な森、そこには樹齢500年を超えるみごとなレッドウッドが群生しているが、地元の木材業者によって破壊されるのを阻止するためだった。命の危険をも顧みず、2年間にわたり多くの人に支えられながらジュリアが見張りをつづけた結果、大量伐採はついに中断された。生命を救われた木々のなかには樹齢600年を超す大樹も含まれていた。

　ジュリアの"棲み家"は、高さ60mにある小さなデッキ。そこに多くの来客を迎え、なかにはフォーク歌手のジョーン・バエズの姿もあった。やがてその勇気ある活動が認められ、ジュリアは最年少の若さで環境活動家の名誉殿堂入りを果たし、その後も自然保護を訴えるさまざまな現場で活躍している。

　今、90年代のこんな抵抗運動が実りつつある。建設側にしても、事前に地域住民から承諾を取っておかないと、莫大な加算経費と厄介ごとに悩まされるハメになる。行政にしても、むやみに公共開発を押し進めると市民の怒りを買うことになりかねない。かくして道路開発の撤廃や見送りが早期に下されるようになった。たとえば2003年夏、東サセックスを抜ける迂回道路の建設計画が取り下げられたが、実はこの決定が下される2日前に新聞2紙が、「計画に反対のグループが、着工予定地周辺の森林一画を占拠する準備を進めている」との記事を報じていたのだった。

　こんな事例を見ても、元をたどれば──「先人達が守りつづけ、受け継いできたかけがえのない自然を、未来の子孫に残したい。それを残すのが我々の義務である」

　という地球人としての"使命感"が喚起した90年代の運動の積み重ねが、今ようやく世界各地で実りはじめているようだ。我々はけっしてこの芽生えた穂を踏みつぶしてはならない。

レッドウッドの樹上60mに陣取り、738日間一度も降りることなく森林保護を訴えたジュリア・"バタフライ"・ヒル

ユーカリ・エコハウス
GROWING HOMES アフリカ、エチオピア、アディス・アベバ

　エチオピアの建築家のアハドゥ・アベイネは母国の抱える住宅問題に真っ向から取り組もうとしている。が、それ以前に国民がまだその深刻さに気づいていないことに悩んでいる。

　世界中で都市における貧困層の増大が問題になって久しいが、エチオピアの首都アディス・アベバも例外ではない。地方からの人口流入により都市では住宅が不足し、経済は逼迫し、郊外では環境衛生が悪化している。

　それを一気にまとめて解決しようとアベイネが考案したのが、成長の早いユーカリの生木を柱にしたツリーハウスの大量建築である。柱と柱の間には伝統的な土壁（土と干し草を混ぜ合わせて牛に踏ませて練り固めたもの）を塗りつけ、屋根に波形トタン板を張れば、ささやかながらも立派な一軒家が出来あがる。

生長の早いユーカリの木がエコハウスの柱となる

　試作した2階建ての物件には、アベイネの友人一家5人が住んでいるが、ユーカリの成長に合わせて3階建ても可能な設計にしてある。つまり家族の成長とともに家も成長するというわけだ。

　シンプルな造りは、ほとんど地元産のエコ材（環境に負荷を与えず土に還る）を用いているので環境対策は万全。ユーカリの木はうまく管理して成長させれば120年もの寿命をもち、耐久性も申し分なく、景観美も望める。

　さらなる魅力は建築の手軽さとコスト削減。建築期間は大工一人と助手二人で約5週間。費用はコンクリート造りの5分の1ですみ、1㎡当たりUS30ドル。これならなんとか手が届く価格だから、マイホームも夢ではなくなる。

　アベイネは自ら考案したツリーハウスが10棟立ち並ぶ集落を作りたいと思っており、その土地を確保するために国と交渉を重ねているが、今のところ反応は芳（かんば）しくない。さらにアベイネが考案する都市環境計画は、いまだ周囲の人たちからも訝（いぶか）しげな目で見られている。それでもアベイネは希望を捨てず、やがて来る日に備えてユーカリの植林をつづけている。

シンプルな造りの木製階段

ユーカリの健やかな生長とともに増築も可能

Part2 リゾート・ホテル

コスタリカの森にあるグリーン・イグアナ・ホテル

アラスカの隠れ家
WILDERNESS TREEHOUSE LODGE　アメリカ、アラスカ

　エリック・シュミッドは、アラスカ山脈の麓のひっそりとした場所にツリーハウスの宿を構えていて、ここはおそらく世界一人里から孤立した樹上民宿であろう。なにせ、いちばん近い道路から150kmも離れているのだから。
　めんどうな"ご近所付き合い"といえば、野性の黒クマとグリズリーにたまに出くわすぐらい。この完璧なプライバシーが約束された「アラスカの隠れ家」には、5泊6日の貸切り料金US900ドルで滞在でき、それにはシュミッドによるガイドサービスも含まれている。
　シュミッドがコロラドからアラスカに越してきたのは1982年。以来、この一風変わった探検家は、夏の間はアラスカの奥地にある湖で釣りのガイドとしてお金を稼ぎ、残りの時間はまだ見ぬ未踏の地をめざして"探求の旅"に明け暮れた。かくしてアラスカの厳しい大地と深い関わりをもった探検家は、この地に骨を埋める覚悟を決めた。

同じころアメリカ政府は、この"北の果ての大地"への入植奨励プランを1990年まで展開していた。その条件として、入植希望者は自分で土地を見つけ、そこにドア、窓、暖房器具、キッチンストーブ、そして断熱処理の備わった家屋を建てなければならなかった。さらに正式な入植権を得るには、5年間で25カ月以上をその家で暮らさなければならなかった。
　この地に初めて足を踏み入れて10年の歳月が経った90年初頭、シュミッドはアラスカ山脈を一望できる「ここだ！」と思える土地を探し当てた。
　まず、野生動物から食料物資を守るため、「隠し場所」を作ることが先決だった。ふさわしい場所を探していると、枯れた針葉樹のなかにまだ生きている元気な木を見つけた。シュミッドは、
　「この木にテントが立てられるくらいのデッキを作り、屋根を付けて、とりあえず間に合わせの根城にしよう」と思った。ところが、周りの枯れた針葉樹を見たとたん、「いや待てよ。これらを柱にしてツリーハウスを建てよう！」と閃いた。
　さっそく枯れた針葉樹にハンモックを吊ると、その中に物資を隠してアンカレッジへと向かい、役所で入植希望の申請をした。入植奨励プランはその後すぐに廃止されたので、「受理されたのはケツから4番目だったよ」とシュミッドは胸を撫でおろす。
　しかし、そこで幸運を使い切ったのか、夏の収入源だった釣り小屋が急に倒産してしまい、それまで便乗して建築材や食糧を運んでもらっていたセスナも飛んでこなくなった。しかたなく小屋から古いスノーモービルを購入し、ついでにコンパネ、屋根金具、窓、ガラス、パイプ管、古いフォルクスワーゲンのボンネットも譲ってもらった。そのボンネットをソリに改良し、もらった資材を積み込むと、スノーモービルに打ちまたがり、ソリを引いて現場へと引き返した。

設計図はおろかスケッチも描かないぶっつけ本番で作業は始まった。
「生きたホストツリーを極力傷つけないこと。それに最大の注意を払い、いかにありのままの樹の形をうまく利用して建てるか。あとは限られた道具と資材、2週間分の食料、そして自分の身一つで出来ることを精いっぱいやっただけ」
　というシュミッドの言葉どおり、四面の壁の高さは4.75m、3.6m、3.3m、3.0mとすべて違っていた。また本体の基礎の高さは、野生のクマは4.5m以上の木には登れないということから、それよりも高くしてある。
　建造中のこんな失敗談もある。
「床を張るときにレベル（水平）確認するのを忘れてしまったから、実は床がちょっと傾いているんだ。それと冬にメジャーを3mも積もった雪の中に落としてしまい、しかたがないからロープをメジャー代わりに使ったよ」とか、「スノーモービルで誤ってチェーンソーを踏んでづけてしまい、刃がぐにゃぐにゃに曲がってしまったときには、さすがに参ったよ。壁と屋根の骨格まで出来ていて、あとはチェーンソーで板を切ってその上に張っていくだけだった。なんとか切れなくもなかったけれど、切り口がぐにゃぐにゃになってしまい、壁板に使えるシロモノじゃなかったよ……」

人里離れた場所にひっそりとたたずむツリーハウス・ロッジ

1週間後にセスナ機が迎えにくることになっていたから、シュミッドはあわててコンパネとトタン板で屋根と壁を継ぎはぎに張りあげた。見てくれはよくなかったが、アラスカの厳しい気候にも耐えて、頑丈な壁であることは証明された。
　室内は意外に広い。小テーブル、薪ストーブ、手作りの椅子、小型の調理ストーブを備えた小さなキッチン、いろんな大きさの窓、ロフトにはゆったりしたベッド……。

窓からは壮大なアラスカ山脈が一望

　もちろんアラスカ山脈の絶景を眺めることもできる。
　「夏の蒸し暑い夜は屋根の上で寝るんだが、蚊もこの高さまではこない。見上げれば満天の星。最高だよ」
　数年後には、けばかった壁のコンパネもトタンもほどよく風化し、風景のなかに溶け込んだ。その後も地震や強風に耐え抜き、10年経った今でも健在だ。
　この隠れ宿の訪問客は、宿の性格と立地条件からして、シュミッドの母親を含めてだいたいが強者たちだ。国内はオレゴンやコロラドから、海外からはリヒテンシュタイン、フランス、スイス、オーストリア、ドイツなどから特殊な嗅覚をもった旅人が、遠路はるばるこの僻地へ"わざわざ"やってくる。
　夏の訪問客は近くの湖に小型機で降り立ち、そこから宿をめざして1時間半歩くのだが、シュミッドいわく──「私のガイドなしでは、ほとんどの人が宿に辿り着けないだろうね」。
　おまけに、帰るときには違う湖をめざさねばならず、来たとき以上の道のりを歩き、それから筏に乗り込み川を7km下る。冬季はスノーモービルで雪上を滑走するほかなく、その距離は160kmにも及ぶ。この隠れ宿の経営状況はけっして順調ではないが、シュミッドはシャワーと水洗トイレを備えた4人まで宿泊可能なちょっぴり贅沢なツリーハウスの建築を新たに計画中だ。
　「2組のペアがゆっくり羽を伸ばせる宿にしたいね。料理も僕の自慢の腕をふるうよ。冬季はウィンタースポーツを楽しむ人にレンタルしようかともね……」。

いちばん近い道路からも150キロ離れていて、夏の間は近くの湖まで水上セスナ機が運んでくれる

イグアナ荘
GREEN IGUANA SANCTUARY
南米／コスタリカ

　グリーンイグアナ——絶滅の危機にあるこの熱帯アメリカ産の大トカゲこそがこのツリーハウスの産みの親である。

　オランダ人の植物学者エドサート・ベザイアーは1994年にコスタリカに入って以来、グリーン大トカゲの保存活動に取り組んでいる。彼が設立したイグアナ保存基金で保護繁殖を計画したり、現地のガンドカ・マンサニージョ野生動物保護区で生態調査を行っている。

　乏しい予算にあって、このツリーハウスは宿泊施設として資金を稼ぐという役割を担い、活動継続のために貴重な存在だ。

　地上２mの高さに広いデッキをもち、丸いユニークな形をしたこの立派なツリーハウス・ホテル。完成までのストーリーも一風変わっている。

　ベザイアーは当地にやってきた当初、動物保護区のジャングルに深く分け入った場所に自分で家を建ててしばらく住んでいた。しかし、やがて資金稼ぎのためにそれをレンタルすることになったので、旧式のスクールバスに引っ越して新居にした。まだまだ車としても充分使えたようだが、住まいとしてモデルチェンジされたものの、半世紀前のバスにはさすがに浴室は付いていなかった。

　お風呂をどうしたものか？と思案しながら数カ月を過ごした頃、カリブ海沿岸でしか植生しないサングリロという広葉樹に目がとまった。太いがっしりした幹に空いた凹みを見た瞬間、思わず「これだ……」と植物学者は呟いた。

　さっそくサングリロの幹の空洞を利用してトイレとシャワーを設置し、木の枝で周りを仕切った仮設バスルームを作ったのが事の始まりだった。以後、どんどん手が加えられ、みるみる変貌していき、今の形になるまで1年しかかからなかった。

木のくぼみを利用した楽しい
シャワー＆トイレ

素足でツリーハウスへの階段をのぼるオーナー

地上のオープンテラスは宿泊者の共同スペース

建築にあたっては、ニカラグアの大工職人ベネガスの手を借りたが、設計にあたっては「ホストツリーありき」が大原則となり現場主義にのっとった。建材に使った木材はすべて倒木を利用し、敷地内の生木はいっさい伐採していない。
　樹上の母屋にはバスルーム付きの2部屋があり、5人まで宿泊できる。階段で繋がっている地上のオープンテラスは滞在者の共同スペースとなっていて、キッチンカウンターにソファ、ハンモックが吊られ、くつろぎの時を楽しめる。
　このテラスの奥に、あの念願の記念すべき「お風呂・第1号」が残されている。

　イグアナ保護基金は非営利組織として2001年に設立され、以来、個人からの寄付金とホテルの売り上げ、そして"設立者ベザイアーが稼いだお金"によって運営されている。活動の目標は、保護区内で生息が確認されている2000匹の絶滅が危惧されるグリーン・イグアナを、健全な数8000匹まで増やすことにある。
　ベザイアーはこうも言う。
「保護繁殖によって生まれた赤ん坊イグアナを飼育して、大きくなったらジャングルに返してやるという活動だけでなく、地元の学校に出向いてイグアナの危機的状況を説いてまわるなどの啓蒙活動もしています」

長期滞在者のためにキッチンも設備

　このホテルの営業開始は2002年にさかのぼる。
　オープン当初はその存在がほとんど知られず、閑古鳥が鳴いていたが、ウェブサイトで宣伝してからは徐々に客足が伸びはじめ、なんとか軌道に乗った。今では宿泊客の80％がインターネットを介し、年間を通してほぼ予約で一杯らしい。
　オーナーの植物学者は、「ホテルの売り上げで月平均1000〜1500USドル。ここで暮らすぶんには充分かな。でも、今また自分専用のお風呂がなくて困ってるんだ」と肩をすくめる。
　場所は、コスタリカの東海岸にあるイグアナ保護区内。眼の前にプライベートビーチがあり、すぐ裏の野生動物保護区のジャングルにはさまざま野生動物が生息し、ハチドリやヤドクガエルのような希少動物も棲んでいる。

使用した木材はすべてジャングルの倒木などを再利用

幹の中の礼拝堂
A PILGRIM SITE　フランス、ノルマンディ

20世紀初頭のツリー・チャペル

　アルーヴィル村の樫の木がこの地に根を張りはじめたのは、北欧沿岸でバイキングが略奪行為を繰り返し、地中海では東ローマ帝国の都ビザンチウムが栄華を誇っていた、そんな遠い昔の時代であった。それから1300年もの歳月が流れた今、この樫の巨木の空洞の中には2つの礼拝堂が居を構えている。

　外観はワイヤーがクモの巣状に張りめぐらされ、主幹の樹皮の半分をウロコ材で覆われたこの巨大な老木は、なんとも不気味な雰囲気を漂わせている。

　このシェーヌ・ミレネイル礼拝堂は、人口わずか1000人ほどの小さなアルーヴィル村のシンボルとして、また村人が郷土へ忠誠をささげる場として長きにわたってその役目を果たしてきた。スケールこそ違えど、ここの村人にとってはスペインのバルセロナにそびえ立つサグラダ・ファミリア聖家族教会のような存在なのだ。

　この村はフランス北部ノルマンディ地方の中心地ルーアンから北西50kmのところにある。シェーヌ礼拝堂を除いてはこれといって何もない、農家と現代風の住宅が混在したのんびりとした村である。

　そんな平凡な村にあるツリーハウス礼拝堂は、16世紀に建てられた聖クエンティン教会の横にそびえる樫の巨木の空洞を間借りしている。その高さは18m、幹の胴周りは15m。しかし礼拝堂内はとても狭く、小さな祭壇があり、3人入るのが限界。外付けの螺旋階段を登って入る2階の礼拝堂は、1階とほぼ同じ内装と広さだが、見上げると補強のワイヤーが尖塔の先へと縦横に伸びている。

　今でこそ鎧を被せられているこの樫の巨木も、1696年に人の手が加えられるまでは、静かに樹齢900年の生涯を送っていた。

　ところが、この老木を深く崇めていた村の神父が、ある日のこと、大きく空いた2つの空洞を測ってみようと、子どもたちを集めて穴の中に入れてみたところ、なんと40人もの子どもが収容できた。

　驚いた神父は、「この空洞を、何かいいことに利用したほうがいい」と考え、その年の暮れまでにベッドと椅子、机を空洞内に据え付け、さながら隠居部屋のような空間をこしらえたのだった。

巨木の空洞の中にある上階チャペルへの入口

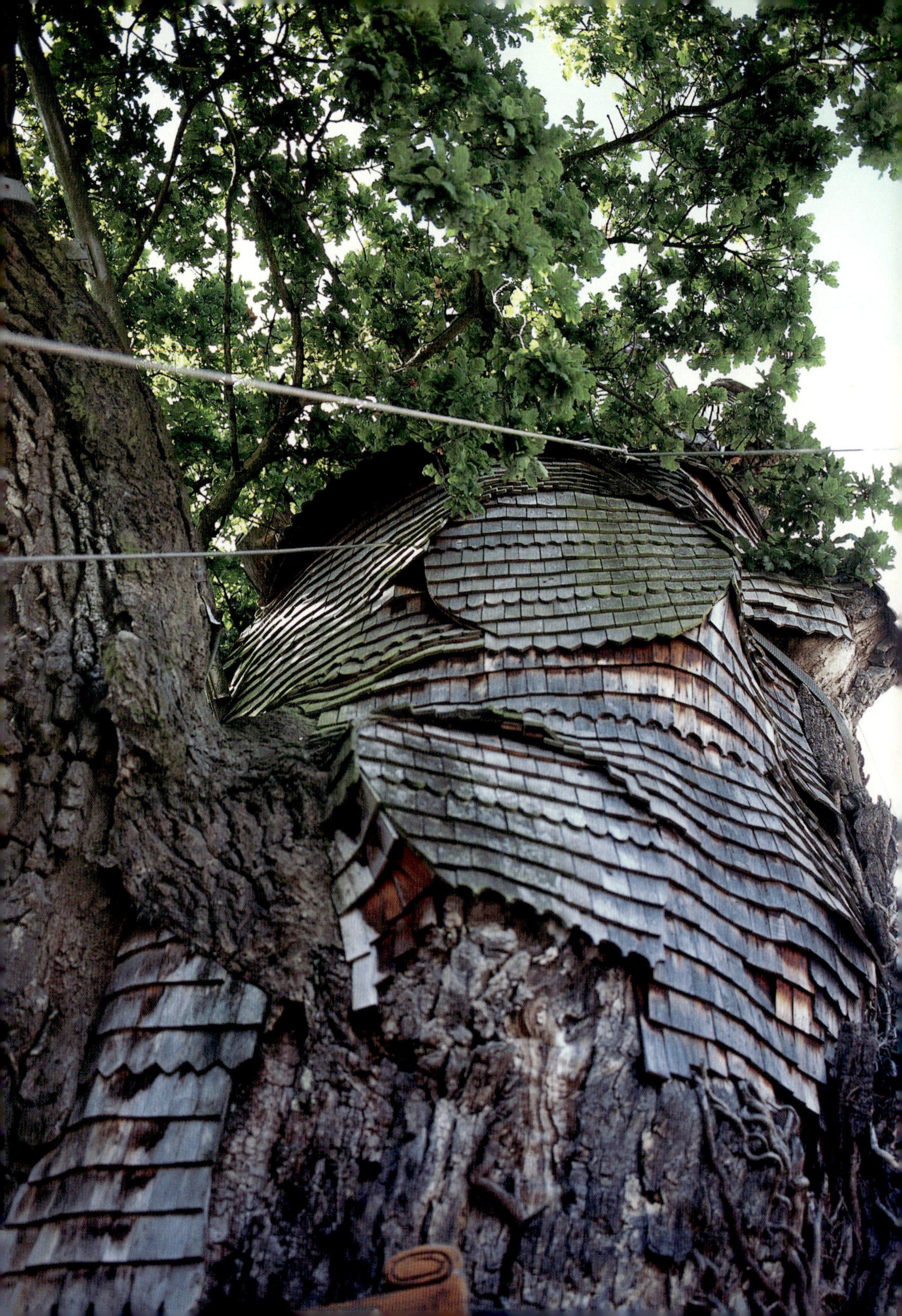

樹皮を覆うシングルウッドは、老朽化によって
ひび割れた幹に水が入りこむのを防ぐ防腐対策

　18世紀半ば、この教会を二人の国王——フランス国王ルイ14世とイングランド国王チャールズ2世——が訪れた記録が残っている。しかし18世紀末に起きたフランス革命後、この教会は古い絶対王権制の悪しき産物だとして焼かれそうになったが、村民たちの熱い願いが聞き入れられ、なんとか生き延びることができた。
　ところが、19世紀中頃になると、老木のあちこちに老化現象が見られ、神父の隠居部屋も撤収を余儀なくされた。
　そして、この老木が今の姿に大変身を遂げたのは1853年のこと。いよいよ老化が進み瀕死の状態にあるとの診断を聞いた当時の村の牧師は、患部に徹底的にメスを入れて大手術をし、厳粛な気品をかもす付属の礼拝堂として蘇生させることにした。その際、隠居房は聖なる場にふさわしくないとして排除された。

この樫の老木の長き生涯のなかで記念すべき日となったのが、1854年10月3日。それは大改装工事が終了し、気高き樹上の礼拝堂として新たに息吹がふき込まれた瞬間だった。
　除幕式のその日、第1回目のミサが厳かに執りおこなわれ、式場では以下のような詩が記念として詠まれたのだった——
「A pretty sanctuary ; So much revered ; Dressed by Marie ; In the Secular Tree」
　今日も年に2回、シェーヌ礼拝堂では毎年6月2日と、初聖体の儀式の翌日にミサが執りおこなわれている。

　礼拝堂として誕生した後、たびたびの嵐（1912年の嵐はとくに荒れ狂った）に襲われ、そのたびに傷んだ枝の補強が施されたが、巷では「あの木はもう駄目だよ。もうじき倒れるぞ」との噂がたえず飛び交っていた。
　最近では1988年に外科手術が執りおこなわれたが、それは長年にわたる話しあいの末に200万フランを村の基金から注ぎ込んでの大工事となった。この大規模な延命手術により、老樫にはさまざまな金属補強がなされ、もはや半人工物と化してしまった。
　かろうじて若さを保つ北側の枝は、春になると葉を繁らせ、今もなお村人たちに新緑を楽しませてくれるが、それはこの大長寿の老木に宿る樹霊の化身であろう。

チャペルの室内はゴシック調の内装

老朽化した樫の巨木をなんとかして支えるために、ロープ、ハーネス、ケーブルなどを使用している

若く元気だったころの自然な姿から
半人工化してしまった樫の巨木

海南ドリーム荘
BIG BEACH IN THE SKY 中国、海南島

3階建てのツリーハウスからは素晴しい眺望がきく

「空の渚（Big Beach in the Sky）」と名付けられたこの家は、中国海南島の宿泊リゾートにある4棟のツリーハウスののうち最大。タマリンド（マメ科の木）の樹上に造られた三重の塔から眺める三亜のビーチは絶景である。
　この宙空の家はハワイの建築家D・グリーンバーグの発案によるもので、その名もマジック・マッシュルームを食べているときに浮かんだという。

中2階スペース。木の形状をうまく利用して階段が取り付けられている

　グリーンバーグは建築を学んだものの、独自の哲学をもっていて、いわゆる"建築家"と呼ばれることを嫌う。つまり、人工物で固められた箱をデザインすることが、世間で言うところの建築家だからだ。彼は笑ってこう言う——
　「以前、マウイ島で宿泊用のツリーハウスをデザインしたが、建築家として設計したもんだから、何ひとつ面白いことはなかったよ」
　この海南リゾートはグリーンバーグの会社「Treehouse of Hawaii」と地元の旅行社の共同経営だが、それはハワイと海南島が姉妹都市であった縁による。
　建設にあたりグリーンバーグはツリーハウス界の大御所マイケル・ガルニエをオレゴンから呼び寄せ、1999年初めに着工にかかった。当時を振り返り、「ガルニエには建築顧問としての役割を期待し、建てる前の全体的なアドバイスと、土台デッキの設計にも助言をもらった。でも、その後は意見が食い違い、口論になって……」。着工して2週間後、もうガルニエの姿はなかった。
　「その後は、自分でタマリンドの木と対話して決めることにした。設計したデザインが周りの自然環境にしっくり溶け込むかどうか、まず竹を使って実寸で組み立て試作してみたよ」。
　「三重の塔」へのアクセスは、6mほどの丘から吊り橋が一階へと渡してある。一階のデッキは胸高の欄干で囲った共同の憩いの場。上階は宿泊用で各階にダブルベッドが用意され、壁は竹でおおわれ、大きな窓からの眺めは爽快だ。
　内装の階段、家具、一階デッキはすべて地元の職人の熟練された腕により、オイルステインが塗られ、木目が渋く映えて高級感のある仕上がりになっている。
　中国人にもツリーハウスの受けはよく、オープン時には関心を集め、大勢の見物人がきた。しかし、まだ庶民にとってはその宿泊代はお高いようだ。
　それでもグリーンバーグはめげることなく、環太平洋のビーチ4カ所で新たなツリーハウス・リゾート作りを夢見て計画を進めている。

天空の癒し小屋
GREEN MAGIC TREEHOUSE RESORT　インド、ケララ

吊り橋を渡って入る1棟もある

　インド南西端のケララ地域の熱帯雨林は海抜1200mの高地にあるが、それよりさらに27m高いところにグリーンマジック・ツリーハウス・リゾートご自慢のツリーハウスが2棟、天高くそびえている。

　当地へのいちばん近いアクセスは、カルカッタから出ているバスに乗るしかない。そのバスに揺られてゴム、ショウガ、紅茶、コーヒーなどの菜園プランテーションを横目に見ながら65kmほど山道を走るのだが、最後の30分はバスの走れる道ではないので四駆に乗り換えての移動となる。

　リゾートは500エーカーもの広大な熱帯雨林の敷地内にあり、4棟あるロッジから1.5km離れたところに、そのツリーハウスは浮いている。

　「泊まってみたいけれど、あんなに高いとちょっと……」と、たいていの人は足をすくませ、「いったい誰が建てたの？」とたずねる。

　答えは、土着のパニヤ族の男衆。彼らは1990年に5カ月をかけて2棟のツリーハウスを完成させた。パニヤ族は古くから防衛的な伝統住居「Erumadam（木のてっぺん）」に住む少数部族だが、70年代にインド政府により国定自然保護区域に指定され、先祖代々受け継いできた森から追い払われてしまった。

水力式リフトに乗って、天空の館へどうぞ！

幻想的な雲海の眺め……

　どちらのツリーハウスも2階建て藁葺き屋根である。フィカスの巨木のかなり高いところに威風堂々と座している。
　1階にはバルコニーがぐるりと四方に回してあり、室内の床にはココヤシ製マットが敷かれ、2階にはシャワーとトイレが備え付けられたバスルームもある。
　なんといっても目玉の設備は「水力式リフト」だろう。それはエレベーターのようにボタンを押すのではなく、水道の蛇口をひねる。すると10分ほどでバケツ袋が水で満たされ、その重みで籐製のカゴに乗った宿泊客がスーッと天高く運び上げられるのだ。昇るスピードはリゾートの従業員が下で調整してくれるから心配はないが、それでもスリル満点！
　もう1棟の方へは、傾斜地に掛けられた吊り橋を渡っていく（前ページ参照）。

グリーンマジック・ツリーハウスは
海抜1200mの山深き熱帯雨林のなか

バスルーム付きのベッドルーム

　「グリーンマジック・ツリーハウス」は自然にとけこむバケーション・リゾートをめざしていて、ここで出される料理のほとんどが地元産の食材を使って調理される。また、その調理にもガスや電気は使わず、乾いた牛糞を燃やして燃料とし、水は近くを流れる山水を引いている。
　お腹が空いたら、「コケコッコー！」と大声で叫べば、下からカゴやお盆に載った食事が上がってくる。
　長期滞在者向けに用意されたレジャーのなかでも、手付かずの原生林を散策するジャングル・トレッキングは人気のひとつ。とはいっても、この密林の優雅なツリーハウスの宿泊客たちは、大自然を一望に見渡せる木の上で、ゆっくり気ままに"何もしない贅沢"を満喫しているようだ。樹上からのサンセットの眺めといったら、息をも呑む美しさ。ひとたび樹上に登るとチェックアウトまで降りてこない滞在者がいるのもうなずける。

室内を枝が横切る全面開放の心地いい寝室。
竹で組んだ低いベッドがなんとも心地いい

たそがれ時に丸い提灯のような照明が灯る

森の静寂と闇に包まれた完全
プライベートのナイトタイム

きつつきのお宿
WOODPECKER HOTEL　スウェーデン、ヴァステラス

　ミカエル・ゲンバーグは、自作の絵や彫刻を見てもらうのは気どったギャラリーではなく、なごめる雰囲気でゆっくりと鑑賞してもらいたいと考えていた。そんなイメージにぴったりなのが、それ自体が芸術作品といえるツリーハウスだった。少なくともそれが完成する前年までは、そういう構想だった。
　ところが1997年、木の上に家がのっかると、その時点で構想に狂いが生じた。維持費を考えると、作品の展示場として無料開放することは不可能となった。そこで誕生したのがこの「ウッドペッカー（きつつき）・ホテル」。開業するや500人を越す宿泊客が利用し、今では首都ストックホルムの西62kmにある人口13万のヴァステラスの立派なランドマークになった。
　もし役場の観光課長タピオ氏の熱心なサポートがなければ、こんな木の上に建つことはなかっただろう。ゲンバーグのこだわりは、人の目につく目立つ場所でなければならなかった。そこで彼が狙ったのは、町いちばんの公園にある樹齢350年の樫の木だった。そこにキツツキみたいに棲みつこうと……。
　「観光課長は最初から私のアイディアに賛成してくれていたが、あの樫の木に建てるとなると、役場もそう簡単には首を縦に振らないだろう」と半分あきらめていたが、奇跡というべきか、難なく建築許可が下りてしまった。
　このツリーハウスの特徴は、家を支える基礎をホストツリーに固定していないことだ。つまり、樹上13mの高さからワイヤーで家の土台を吊っているのだ。そして床を、幹から枝分かれした4本の太い枝に載せてしっかり固定しているが、それでも強風が吹けば、ツリーハウスも樫といっしょにゆらゆら揺れる。

地元の伝統色である朱色とホワイトがよく映える

ウッドペッカー・ホテルでの食事はバルコニーで眺望を楽しみながら……

　室内には、シングルベッド、テーブル、椅子、ハンモック、本棚、簡易台所、エアコンにトイレと何でもそろっていて、狭いながらもバルコニーもあり、ここから夕陽を眺めながらワインで乾杯！なんてのもわるくない。
　原則的に、樹上へいくには自分の体重をロープで引っ張り上げられる人に限定されているので、小さな子どもやご老人には向かない。
　「それでも一度だけ、87歳の老人をロープで吊り上げたことがあるけどね」
　いったん上ってしまえば、食事はカゴに入れられて下から配達されるので、いちいち下りる必要はない。
　この小さな樹上ホテルの広さは縦2.5m×横3m。仕上げのペンキ塗りは友人の手を借りたが、大工はゲンバーグたった一人。色は地元の伝統カラーである朱色を基調に白で縁どりし、上品な外観に仕上がっている。
　驚いたことに、ゲンバーグはこの木から降りると、次に近くのメーラレン湖の水深3mに防水タンクを沈め（水上デッキから吊ってある）"水中ホテル"を作ってしまった。そんな彼は今、スウェーデンで宇宙リゾート開発をもくろむ会社と組み、木より遥か上空の"月面"に家を建てるプロジェクトに携わっている。彼曰く、「外観はやっぱり、伝統カラーの朱と白にしたいものだね」。
　ちなみに、この"きつつき荘"の営業期間は5月〜11月となっている。

樹齢350年の樫の大木に居を構える

カリブの嵐亭
WEST BAY TREEHOUSE ホンジュラス、ロアタン島

樹上の部屋からは紺碧のカリブ海が見える

完全ハンドメイドによる木製の螺旋階段

　フォスター・ディアスは70年代の若き日、ひとり静かに本を読んだり、空想に耽ったり、昼寝をしたりする空間を手に入れたいと思った。その願いを叶えるため、カリブ海を望む樹齢100年のマンゴーの木に、手作りのシンプルなツリーハウスを組み立てた。目の前には白い砂のビーチが広がり、周りにはマングローブが生い茂っていた。

　ところが、念願の隠れ家を手に入れたのもつかの間、ハリケーンの襲来を受けてバラバラに解体されてしまった。それでもディアスはめげずに、同じ場所に、手摺りも屋根もない樹上デッキを再建、それをレンタル・デッキとして貸し出すことにした。壁はなくても夏の間はマンゴーが青々とした葉を茂らすので、下からは隠れて、デッキ上のプライバシーは保たれる。

　その後、ディアスは少しずつこのデッキに手を加えていく。壁を立ち上げ、屋根を載せ、螺旋階段まで取り付けた。驚くのは、これをすべて手作業で、つまり電動工具はいっさい使わずに造りあげたのだ。

　80年代に入ると、ディアスは家族総出でビーチの前にロッジを数棟建て、ロアタン島にやってくる観光客に貸し出した。ツリーハウスも宿泊客に開放した。こうして家族ぐるみのビジネスが軌道にのってきた矢先の1998年10月、大西洋沿岸を襲ったハリケーン"ミッチ"（観測史上4番目の大きさ）が島を直撃し、ツリーハウスはまたしても自然の猛威にあえなく倒壊の憂き目にあった。

　螺旋階段だけはなんとか原型をとどめたが、家の方は壊滅状態……。

　それでもディアスは、またまた同じ場所に、あくなき執念で新たな物件を一から作り直すことにした。今度はハリケーンの経験を生かし、暴風対策として風の抵抗を半分に減らすよう壁を腰の高さまでにした。おかげで室内からの眺めは360度の大パノラマとなり、宿泊客はマンゴーの葉がそよ風に揺れる音や波の音をじかに聞け、自然の奏でる子守唄に包まれながら眠りにつけるようになった。

　さらにトイレや水道、照明まで室内設備もグレードアップ。バルコニーは、ハンモックを吊るしてもゆとりがあるほど、ゆったりとしたスペースをとった。

腰壁のおかげで360度のパノラマを楽しめる

　カリブ海に浮かぶ細長いロアタン島は、ホンジュラスの北方70kmに位置し、世界で2番目に大きなサンゴ礁群に囲まれている。
　昔から、この島を取り囲むサンゴは海上から攻めてくる敵に対し防衛壁となっていたので、海賊たちには格好の要塞として重宝されていた。
　17世紀後半、アメリカ沿岸のスペイン植民地を荒らしまわった海賊バカニーアの頭目"サー・ヘンリー・モーガン"は、この地を拠点に暴れ廻った"パイレーツ・オブ・カリビアン"の代表格だった。
　さらに歴史をさかのぼると、コロンブスがロアタン島を発見したとされるのが、4度目の最後の航海でのことだった。コロンブスはとくにこの島の飲み水の虜になったと言われており、その味はそれまでに飲んだどの水よりも甘く、上質なものであったと伝えられる。
　その後、大英帝国の保護領となったロアタンは、その奴隷化を拒んで反乱を起こしたガリナリ族（西アフリカ出身の黒人奴隷とカリブ族の混血）の強制収容の島となり、そのために現在もガリナリ族の末裔たちが暮らしている。1860年、統治国がホンジュラス（公用語はスペイン語）に移ったものの、島人の多くは今も英語を話す。

枝いっぱいに葉をつけた
マンゴーツリーに包まれて

　その昔、ケイマン諸島（キューバの南）からロアタン島へ移住してきた人がたくさんいるが、ディアスの曾爺(ひい)さんもそのなかの一人だった。曾爺さんはこの島に渡るとビーチの前に家を建てたが、今では同じ場所にディアスが建てたツリーハウスが陣取り、先祖の土地を木の上から見守っている。

ホストツリーは樹齢
100年のマンゴー

ヒマラヤ杉の見晴らし小屋
CEDER CREEKI TREEHOUSE アメリカ、ワシントン州アシュフォード

監視塔のような眺望デッキ

「セダー・クリーク・ツリーハウス」は、樹上15mの高さに居を構えていることを除けば、地上に建つ小さな普通の2階建てと変わらない。ヒマラヤ杉に囲まれ、眼の前を小川が流れる絶好のロケーションにあり、室内から見える鋸状の山々や雄大にそびえるレーニア山（標高4393m）の眺望は息を呑むほど美しい。なるほど、『Fine Homebuilding』誌で特集が組まれたのもうなずける。

　ビル・カンファーと妻（二人ともミュージシャン）がワシントン州アシュフォード郊外の山中に土地を購入し、ツリーハウスを建て始めたのが1981年の夏。

　「翌年の夏にツリーハウスを完成させて、2年間ぐらいは行ったり来たりしながら地上に本家を建てたんだ」と、高所が大好きなビルが語ってくれた。

　まず長い脚立をホストツリーである樹齢200年のヒマラヤ杉に掛けて、枝を払いながらどんどん上に登っていき、材料はロープを掛けた荷カゴで引き上げた。地上15mの高さで土台を樹にボルト留めし、上からワイヤーで吊って補強した。そして壁、窓、屋根、ドア、内装家具の順に仕上げていった。床面積25㎡の1階には居間、台所、バスルームと日光浴が楽しめるサンルームがあり、2階は4人用の寝室になっている。食糧は冷凍ボックスに保存し、ストーブで調理する。照明は太陽発電による12ボルトの明かりが灯される。

眺望デッキへ架かる吊り橋「レインボーブリッジ」

ワシントン州最高峰のレーニア山がその勇姿を覗かせてくれる

90年代初頭、ビルはツリーハウスを長期滞在ホテルにすることにし、それには安全な昇降法を考える必要があった。それは義母が訪れた際、急な梯子が恐くて、その場に固まってしまったからだ。

そこで3年かけてこつこつと、リサイクル材を使って頑丈な折れ階段を作った。30cmの長ボルトでしっかりと固定されていて、老人でも13mの高さの最上段まで登って無事にたどりつける。

その後すぐにレンタルを開始したビルは、さっそく次の構想を──。

それは1棟目から12m離れたダグラスファー（米マツ）のてっぺんに「見晴らし小屋」を造るというものだった。カラスの巣をイメージしたこの八角形の展望小屋は、高さなんと25m！ 解体されたボーイング機のアルミ材を用いたドーム型の屋根を被っている。完成後しばらくは登山用の命綱を付けて梯子を登っていた。が、そんなスリリングなルートも、やがて息子のセダーが長い螺旋階段を取り付けてくれたおかげで、冷や汗をかくことなく昇れるようになった。ドーム内には望遠鏡と双眼鏡が用意してあり、星が出た夜には天然のプラネタリウムを満喫できる。

それまで独立していた趣の異なる2棟のツリーハウスも、七色のレインボーカラーに塗られた吊り橋によって2004年春に連結された。吊り橋は、陸地で完成させてから25m上空に引き揚げて設置したという。

棟梁のビルは大工生活20年を振り返って、こんな思い出も語ってくれた。

「まあ、評判はよかったね。だからなんとかやってこれた。でも、1つだけトラブルがあったよ。80年代に軍が近くの要塞跡地をヘリコプター操縦の訓練地として使っていて、上空を縦横無尽に旋回して騒音に悩まされた。静寂の地を害されて頭にきたから、軍当局と地元の議員に苦情を申し立てた。けれども、相手はまともにとりあう素振りもなし。とうとう我慢ならずに議員に直接電話をかけ、『騒音は自然破壊だということになぜ気づかないのか？』、そして最後に、『もしあなたが応じてくれなければ、私はテレビ・ラジオ・新聞など各メディアを呼んで世間に訴えるつもりだ』と言って電話を切った。すると次の日から、上空にヘリコプターの姿が消えた静かな青空が戻ってきた……」。

「セダー・クリーク・ツリーハウス」は一年中営業している。ただし、旅の計画は事前にビルと相談を。きっと喜んでプランを練ってくれるはずだ。

緑の世界のひっそり包まれて、目の前には涼しげな清流のせせらぎ……

樹間の宮殿
ACKERGILL TOWER　イギリス、スコットランド

6本のシカモア以外にも数本の柱材が大きなツリーハウスを支える

15世紀以来の歴史をもつ豪華な総合休暇レジャー施設「アッカーギル・タワー」は、スコットランド北端のケイスネス海岸を望む小高い丘の上にその優雅なたたずまいを見せている。
　ここを訪れる利用者は、ほとんどが"上流階級"の人たちといっていい。
　その施設はベッドルームが25室、ビリヤードルーム、クレー射撃場とライフル射撃場、釣り用のプライベート湖があり、なんとオペラハウスまである。もちろんどれも文句なく豪華。夏には高緯度により"白夜の愉しみ"も満喫できる。滞在者は日中に森でハンティングを楽しみ、夜はゴルフで爽やかに汗を流す。
　これらの施設に新たに参入したのが、パーティ場としてのツリーハウスだ。
　デザイン設計を請け負ったのはツリーハウス・カンパニーの社長ジョン・ハリス。彼はスコットランドとの国境いの町フェンウィックを拠点にイギリス全土を股にかけてツリーハウス施行業を展開している。
　これまで手掛けた多くの物件に加え、写真集『Treehouses』『A treehouse of your own』の著者としてもその名は広く知られている。
　そんな彼が手がけたなかでも、この"宮殿"は完成した2003年当時、イギリス最大のツリーハウスだった。しかし、その座はやがて次の項で紹介する超大物に譲り渡すことになるが……。

ベランダがツリーハウスをぐるりと取り囲む

何本ものシカモアの木がデッキを突き抜ける

　広い敷地の庭に立つシカモア（ヨーロッパ原産の大カエデ）の木は、樹齢150年の大樹。この生木のほかに、柱材を数本地中に埋めて、その上に円形の建物を3.5mの高さで載せているのだが、「こんなのツリーハウスじゃないよ」という人もいるだろう。それでもハリスは、「何本ものシカモアの木がテラスを貫通し、1本は室内の応接間を突き抜けている」と説明し、木と建物が調和してうまくからみあっていると主張する。たしかに階段を昇ったポーチに2本の隣立するシカモア、その間を抜けて主扉にたどり着く。

　ともあれ、総工費20万ポンド（約2000万円）を要した豪華なこのサロンは床面積65㎡を誇り、会議室として使うなら30人も収容する。小さな映画館に変身すれば40人強が鑑賞でき、さらにはプロ仕様の立派な調理場まで完備している。

樹齢150年のシカモアの木に支えられて

　大きな建物をある日突然背負うことになったシカモアの木。今のところ体調を壊すことなく順調にその大役をこなしているが、その謎を解く手掛かりが、その生い立ちと生育環境にあった。
　大英帝国の最盛期、ヴィクトリア朝時代までさかのぼれば、その種子が風に乗って舞い降りたところは土壌のよく肥えた庭先だった。その周りが5mを超す塀で囲まれていたおかげで、ひ弱な幼少期を容赦ない吹きさらしの風から免れて、すくすくと生長した。やがて塀を優に超す背丈に育った頃には、しっかりと体力も備わり、日々吹きつける海風にさらされながら百数十年もその身を鍛えて成長してきた。そんな過酷な環境を生き抜いてきた強かなシカモアだからこそ、少々のことではビクともしないのだろう。

庭園のお城
THE ALNWICK GARDEN
イギリス、ノーザンバーランド

　その大きさ、建設コスト、設備において、これまでのツリーハウスの常識をくつがえす超のつく大物が、アニック庭園内にある。幾つものツリーハウスが吊り橋で連結された、いわばツリーハウス村だ。

　アニック庭園は18世紀の英国庭園界を代表する造園の革命家ランスロット・ブラウンの設計による風景式庭園。ブラウンはノーザンバーランドの美しい自然と景観を活かした"自然の理想郷"をこの庭園でデザインし、その「ランドスケープ・ガーデン」様式は、今も見る者の目を存分に楽しませてくれる。

　驚くなかれ、330万ポンド（約6億円）の巨費を投じて建設されたツリーハウス村は、今もノーザンバーランド公爵が住んでいるアニック城から歩いてすぐのライムとブナの雑木林のなかにあり、2005年から一般に開放されている。ちなみにアニック城は、映画『ハリー・ポッター』で、魔法のほうきの飛行訓練シーンが撮影されたお城。

　この巨大ツリーハウスのアイディアは、なんでも公爵夫人がフランスのディズニーランドを訪れた際に見たツリーハウスから浮かんだものだとか。

　「ツリーハウスが嫌いな人なんてこの世にいるのかしら」とおっしゃる公爵夫人だが、実は高所恐怖症らしい。

　一番高いところは地上17mにも達するこの樹上のツリーハウス集落には、多くの店舗や80席のレストランなどモール並の施設もあれば、「鳥の巣」と名付けられた"子ども養成講座"の施設も置かれている。子どもたちが「土いじり」「お絵かき」「料理」の講座で、「土だらけ」「絵の具だらけ」「汁だらけ」になっているとも知らず、親たちはレストランで食事をとるなり、庭園でくつろぐなり、つかの間の自由なひとときを楽しめる。

　公爵夫人は設計にあたり随所に注文を付けた。そのコンセプトは「 安全に配慮しつつ、危険な要素も残す」。

　これは相反する言葉だが、すべてが安全至上主義では、動物が本来備えている危機察知能力が退化すると説いたもの。それは長期的に見ればとても危険なことだと警鐘を鳴らす公爵夫人の親心に違いない。

　傾斜のきついロープ張りの歩道もあり、子どもたちは用心しながら慎重に登らなければならない。

「便利すぎて、安全すぎる今の環境のなかで生きる子どもたちに、ときには不便と危険に直面することの大切さを、ここでの体験を通じて感じとってほしい」と公爵夫人は語り、さらに「たとえ身体が不自由であっても、老若男女を問わず誰だって木に登って高いところから景色を眺めたいはずよ」という。

その言葉どおり、入口の傾斜路もツリーハウスを結ぶ歩道も、車椅子や乳母車が楽に通れるように幅広に作られている。

誰でも楽しめるように車イスでもツリーハウス間を渡れるようになっている

ところで、このツリーハウス村がどのくらい大きいかときいてみると、「オリンピックの水泳プールと同じくらい」だとか。よって、16本の生木だけでは支えられず、木製の方杖をまんべんなく効かせ、いちばん大きな建物の土台には鉄筋コンクリートの支塔を2本入れて補強してある。
　外装には随所に工夫が見られる。建物が巨大で無機質な物体に見えぬように"気まぐれオーガニック風"がテーマ。塔壁には樫の樹皮を張ったり、隣り合う壁同士が非対称になるように壁板の向きを変えたり。色や形の違う窓ガラスを不規則にはめてみたり、壁材のシングルウッドも凸凹に見えるよう不揃いにしたり、耳の残った板材を使って壁を鎧張りしたり……。ちなみに建材の多くはリサイクル材だ。
　安全性と耐久性のためには最新技術も採用する。窓ガラスは透明性、衝撃性に優れた6ミリのポリカーボネート製、木材には防腐剤が注入してある。建材は地元産のほか、カナダ産シダー、シベリア産ラーチ、スカンジナビア産レッドウッドを使用。
　この大プロジェクトは、蒼々たる面子で実現されたドリームワークである。まず相談を受けたジョン・ハリス（前項参照）が2001年に大筋のデザインを練り上げ、それを地元の建設会社が引継いだ。内装は映画のセットデザイナー、ポール・ドランに依頼。また公爵夫人は障害児向けの野外慈善事業者を招聘し、さまざまなアドバイスを受けている。
　公爵夫人は90年代中頃から積極的にこの広さ5haのアニック庭園の近代化に取り組み、集客力の増強に乗りだした。ツリーハウス村は大庭園に参入した新入りの一つに過ぎないが、そんな公爵夫人の努力が実り、今やイギリスでも一、二を争う人気の総合レジャーパークとなり、週末は家族連れで大賑わいをみせている。

自然な木造りの家のイメージをだすために耳つきの材を使うなど、オーガニックな外観に仕上げる工夫が各所に見られる。窓には安全を優先してポリカーボネート製のガラスが使われている

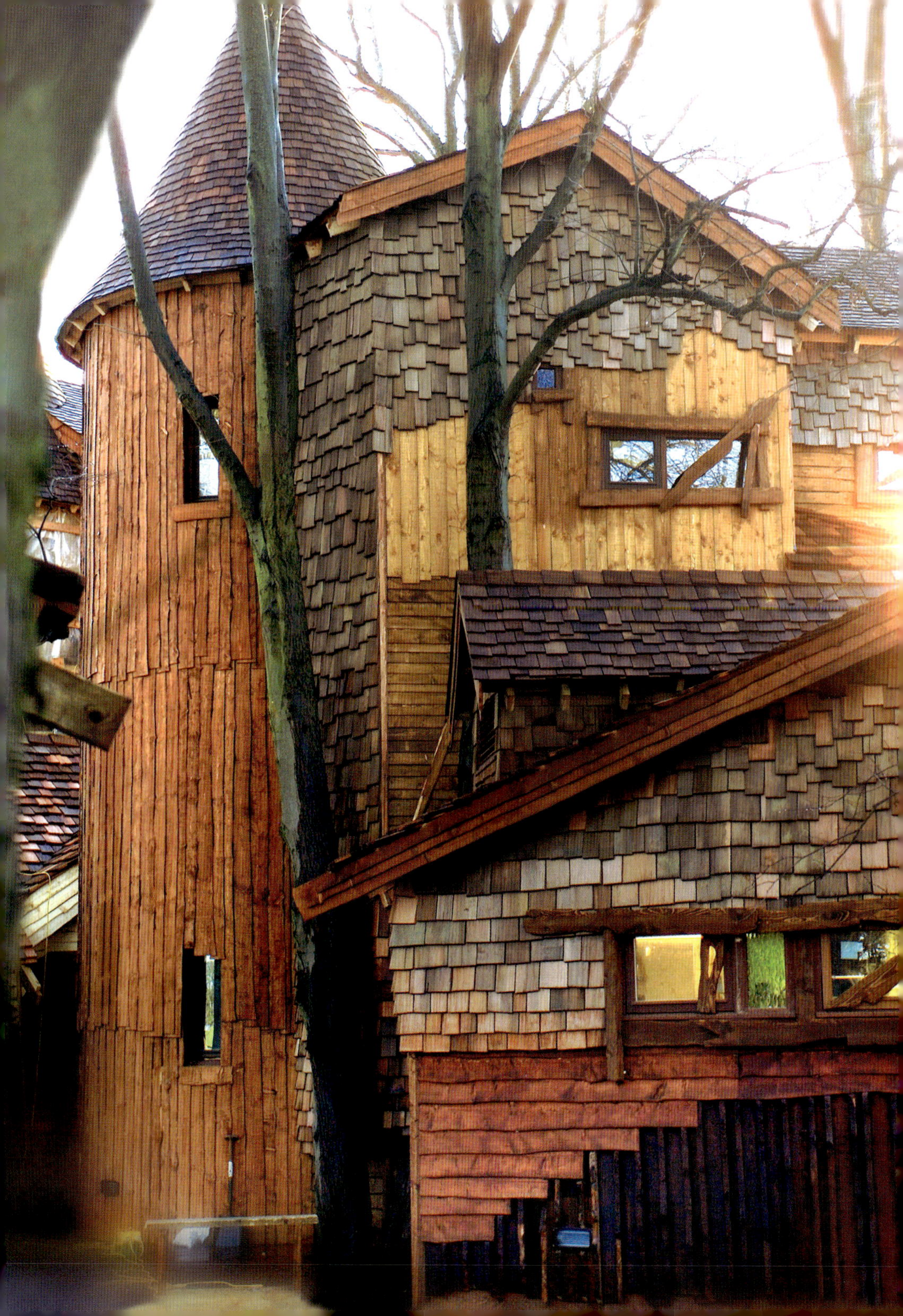

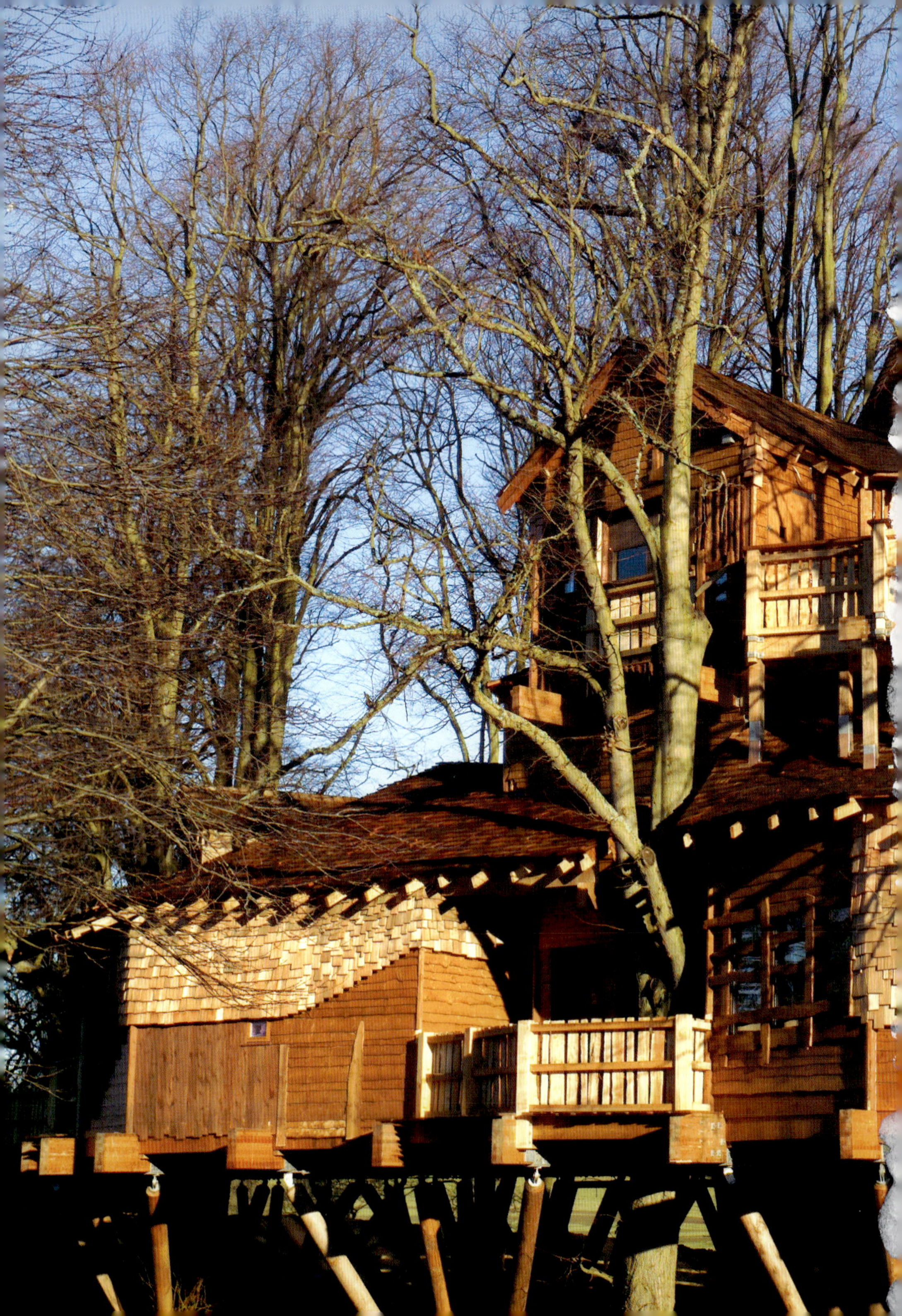

「ツリーハウス城」といっていいアミューズメント施設。これはビレッジのほんの一部

Part3 隠れ家づくり

サムの「遊びの館」(P114参照)

人間の巣
HUMAN NEST
フランス、プロヴァンス

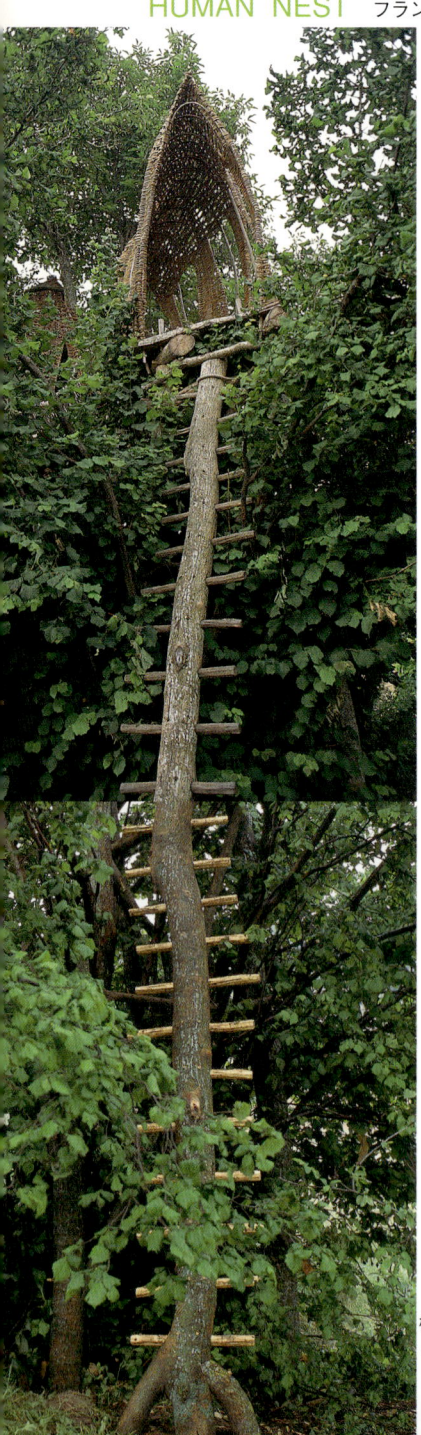

　ハリウッド映画でもお馴染みの演技派俳優ジョン・マルコヴィッチ。彼がイギリスの女性彫刻家クレア・ウィルクスにデザインを頼み、南フランスの自宅の庭に造ってもらったのが、この面白いツリーハウスである。

　マルコヴィッチがクレアを知るきっかけとなったのは1993年、当時ロンドンの舞台に出ていたマルコヴィッチは、幼い息子を連れて劇場近くのフェニックス公園をよく散歩していた。その公園でツリーハウス設置を願う人たちが嘆願活動を行っていた。そのデザインを引き受けていたのがクレアだった。

　完成図を見ると、涙の滴のような形をした木製の繭が樹に寄生しているようだった。そのアイディアに賛同したマルコヴィッチは、寄付金というかたちで協力した。

　しかし残念なことに、公共の場ではツリーハウスの建築許可がどうしても下りず、計画は幻に終わった。もしマルコヴィッチがクレアのスケッチを見ていなかったらここで話はおしまいだったが、ある日突然、クレアのもとに1本の電話が入り、「ちょっと会って話を聞いてもらえませんか？」と相手はマルコヴィッチからだった。

　当時クレアは、イギリス南部ハンプシャー州の樹木園を芸術活動の場としていたので、マルコヴィッチはある日、家族と一緒にロンドンから駆けつけた。そこにはクレアのトレードマークでもある柳材で編まれた巣の周りで、楽しげにはしゃいでいる子どもたちの姿があった。その姿を見ながらクレアは、「これこそ作者冥利だわ」と満面の笑みを浮かべていた。屈託のないその笑顔を見たマルコヴィッチは、南フランスに建てた新居の庭にツリーハウスを造ることを正式に依頼した。

　マルコヴィッチがプロヴァンスに構えた自宅の庭は、サッカー場2面分ぐらいの広さがある。その一角はヘーゼルの実がなるハシバミの低木がブドウ園を囲い、そばにはクルミの老木が敷地の境界を示すようにそびえていた。

柳材で編まれたトンネルをくぐってのアクセス。
ときに危険を伴うスリル感も子どもには必要だ。
2人が入れば満員御礼？

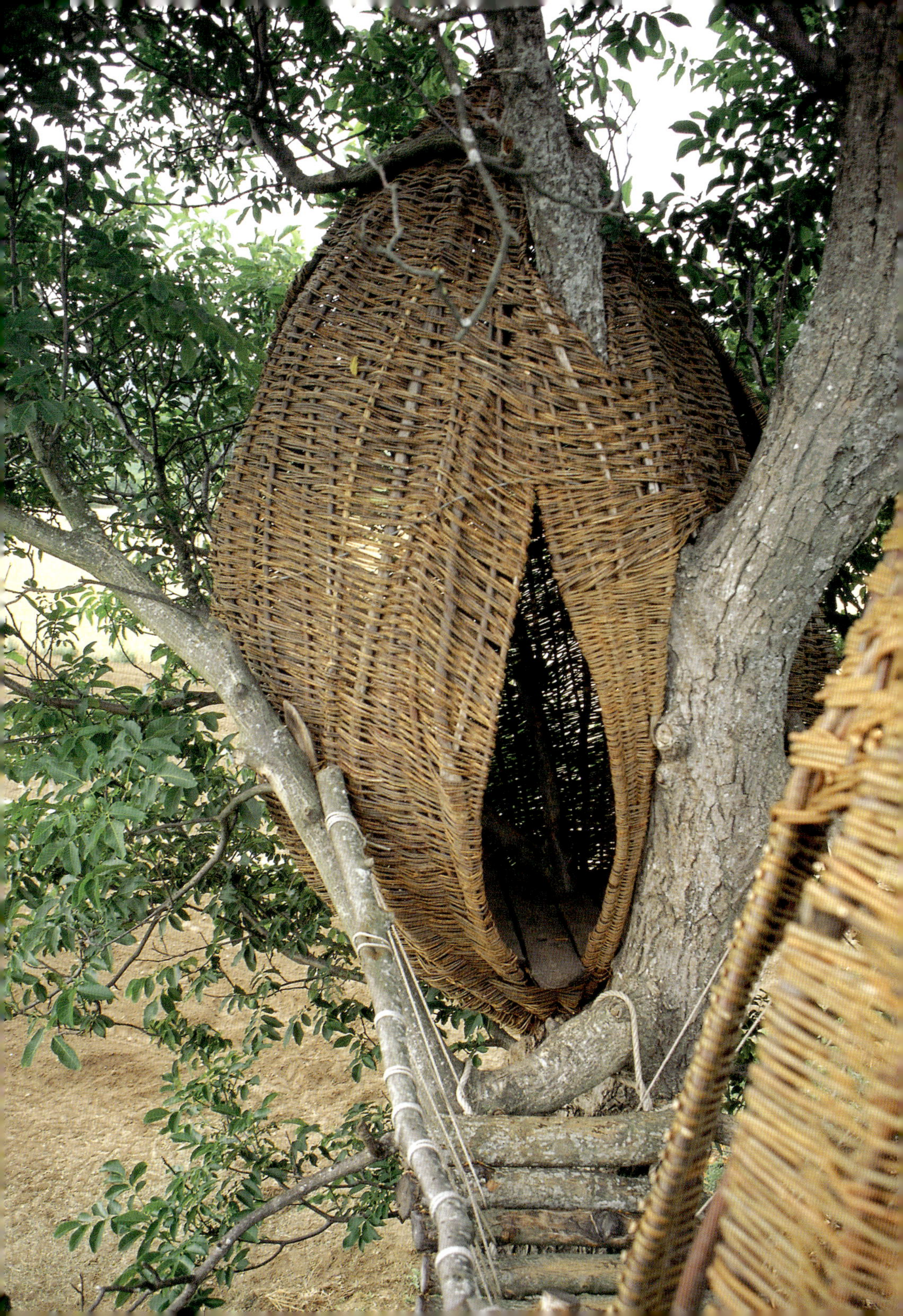

トンネルをくぐれば次は吊り橋

「あの木がいいわ」とクルミを見てクレアはさっそくスケッチを描いてみせた。のぞき見たマルコヴィッチは、「隣の木にブリッジをかけ、裏側に入口を付けてトンネルを潜るようにして入ろう」と具体的なアイディアを注文した。

クレアはそんな彼を評し、「これまでのクライアントのなかで一番うるさい人だったわ」と肩をすくめた。

そして、できるだけ自然に溶け込むように凝りに凝ってデザインが練りあげられ、1995年の晩春から製作に取りかかった。クレアは助っ人として生木を使った工芸が得意な大工ヘンリー・ラッセルを呼び寄せた。まずは巣の基礎となる楕円状の骨を、桑とハシバミを使ってクルミに沿わせて組み上げた。次に柳材を骨にからめて編み込んでいき、窓と入口には穴を空けた。床材が張られた室内は、2人で満員。一見、女王蜂の巣のようなシロモノが樹上3.5mの高さにその全貌を現わしたのは、編み込み作業を始めて11日目のことだった。

ハシバミの木に寄生する人間の巣？

　当初は2つめの"巣"を作る予定だった場所は、マルコヴィッチの案が採用されトンネルとなった。トンネルから巣の入口へは丸太橋がかけられた。地上3mのトンネルへ垂直に登る梯子には古い生木が使われている。「子どもたちのために、ちょっと危険な要素も残しておきたかったのさ」と、父親の顔を見せるマルコヴィッチ。

　樹上トンネルから降りると、これも柳で編まれた地上トンネルが延びていて、その先には（写真には写っていないが）、ハシバミの木を基礎にした高さ6mのモニュメントの塔がやはり柳を編んで建てられている。

　完成後2、3年が経つと、風雨にさらされた柳材はしだいに風化してしまったが、建材はすべて地元産でまかなわれているから環境の負荷にもならないし、永続的に補給ができる。そこでマルコヴィッチは、ふたたび骨組みから交換して巣を編み直してもらった。

　月日が流れ、子どもたちも大きくなり、以前ほど巣箱に寄りつかなくなった。
　ところが、その"空き巣"を虎視眈々と狙っているオス蜂がいたのである。クレアは新たな大人用の巣をかけたときのことを回想しつつこう語る。
　「マルコヴィッチがよく友達を呼んで、巣にこもってはしゃいでいたわよ」。

天空の秘密基地
PRIVATE RETREAT　チェコ、コリン

樫の雑木林に思うまま造ってしまった櫓ツリーハウス。眼下に川が見渡せる

　前に紹介した1995年のフェアミル村での「自然保護の樹上デモ」の余波は、ここチェコのコリンの町にも届いていた。
　「彼らの趣旨に賛同して、兄貴とイギリスの現地へ乗り込んだ。そうしたら10日間のキャンプ座り込み中に、あのシンボルのツリーハウスに魅せられちゃって」と照れくさそうにプロコップ・ザヴァダは話した。
　国に戻るとすぐに友達とツリーハウス作りにとりかかったが、その動機は「反対運動」ではなく、たんに週末の憩いの場、友だちと気楽に遊ぶ「隠れ家」を持ちたかったからだ。
　選んだ場所は、首都のプラハから車で北へ1時間の静かな森の中。そばにはヴルタヴァ川が流れ、中世の要塞跡もある。周辺には、暗黒のソビエト占領時代の爪痕（彼らは貴重な遺跡である要塞跡を掘り返した）として、陶片やら中世の煉瓦壁の破片が散乱している。
　ある日、森を散策していたザヴァダは、遠い昔に人力で土盛りして築いた塚に建つ木造りの砦を発見した。「正確には分からないが、あれは古い時代の守衛砦に違いない。そこからケルト族やスロヴァン族は川越しに敵の動きを監視していたんだ」と、ザヴァダは語る。
　古代遺跡のことはまだ仮説だが、この地が現代のツリーハウスを"お忍び"で建てるのに絶好の場であることは明らかだった。
　一度、警察からウクライナの不法移民ではないかと嫌疑をかけられたこともあったが、疑いが晴れると、警官はこう言った――
　「俺だったらビールを山ほど持ち込んで、ガールフレンドも上げて樹上パーティでも開きたいところだが、きみらはやらないのか？」

ザヴァダが友人や家族と要塞跡に建つ樫の樹上10mに作った砦は二つ。一つは長方形のデッキ上に建つ小屋、二つ目は6m離れたところにかけた三角デッキ。材は松、スプルース、樫の丸太を使った。双方はカーゴネットで繋がれ、これもフェアミル村の影響だが、まるで空中に吊られたジャンボ・ハンモックのようで、乗った当の本人も「怖かったよ」という。

90年代イギリスでの樹上座り込みに影響を受けて

　ホストツリーである樫の木は、根元から3本の幹に分かれて株立ちしており、それらを柱にしている。丸太材はプーリー（滑車）で引き上げられ、基礎の大引には枝に水平にかかる丸太が見つかるまで辛抱強く上げては下げの作業をくり返した。それは樫を極力傷つけないためで、丸太はロープで巻いて縛り、釘もほとんど使っていない。

　家は腰の高さまで丸太で壁を立ち上げ、屋根の骨組みは細い丸太。屋根材として当初は葉っぱや衣服、テント生地なども被せてみたが、ザヴァダいわく、「春と秋に何泊かしたけれど、寒くてぶるぶる震えてたよ」。泊まりは夏季限定のようだ。

　作ったときザヴァダはまだ10代後半だった。そのご数回ほど補修したが、2003年にはザヴァダも20代半ばとなり地質学者となっていた。修理としては、基礎と壁の傷んだ材を交換したが、このときも補強金具には頼らなかった。

　この展望台は一般の人にも開放してあり、瓶の中にゲストブックが用意されている。アンケートのなかには、「上がったのはいいけれど、どうやって降りるのですか？」などと笑えないものもあるが、ザヴァダは、「気に入った人には自由に使ってもらいたかった。ただし、自己責任が条件でね……」。

　しかし、市民の安全を管理する立場にある当局としては、不特定多数の人が利用するようになったお忍び建築を野放しにしてはおけず、2004年、ついに完全撤去を命じられた。

秘密基地っぽいフタ式の入口

奇天烈ハウス
FLYING HIGH　アメリカ、ジョージア州カルホーン

　かつて第39代米国大統領ジミー・カーターの側近として仕えたサム・エドワード。彼こそが、この廃材で造られたツリーハウスのオーナーである。

　エドワードが20年ぶりに生まれ故郷であるジョージア州北部の"カーペットの町"として知られる人口10万人の町カルホーンに戻ってきたのは1990年のこと。アパラチアン山脈の麓にあるその町で世界に流通するカーペットの約60％が製造されている。

　エドワードはそれまでの20年間で30種以上もの仕事をこなし、ようやく落ち着いたのが執筆業である。最新の出版物は『From Outhouse to White House to Treehouse』と題した自身の半生を綴った回顧録。ちなみに、Outhouseとは清掃のアルバイトをしながら法科大学に通っていた下積み時代をもじったもの。

　「執筆に専念するため故郷に戻ると、飲食業を営む友人からビジネスの話を持ちかけられた。それを受ける条件として、どこか物書きができる静かな場所はないかときくと、あんたに任せたいレストランからステーキの匂いが届くところに空き地がある、そこに小屋でも建てるがいいさ」ということに……。

　空き地へ行ってみると、20mの高さの樹齢150年の立派なオークが立っていた。それを見た瞬間、「この木に家を作り、電気をレストランから引っ張れば、とりあえずは書けるな」と木の上の執筆小屋をイメージしたという。

　こうして小屋は造ったものの、レストランの方はパッとせず1年後には手を引いた。しかしエドワードは今でも3匹の愛犬とともに手作りツリーハウスにこもって物書きをしている。

　1991年に建てた執筆小屋を皮切りに、少しずつ増築がなされ、今や3階建て全11室、床面積130㎡の立派な"豪邸"となっている。いわゆる樹上のツリーハウスではないが、ご覧のとおり家全体でオークを包み込み、幹や枝が各部屋を大胆に突き抜けている。

　外見は奇々怪々……建材の多くはあちこちから拾い集めてきた廃材。窓は電車の廃車置き場から、屋根のトタンや床板は廃屋から回収したもの。

　そのくらいならやっている人もいるが、エドワードは増築が進むにつれ、さらエスカレート。捨てられていた小型ボートを調達してきてゲスト用寝室とし……60年代のエルビス・プレスリーの映画で大道具として使用された潜水艦を手に入れてバスルームとし……、小型飛行機を唯一お金を払って入手し（US300ドル）、快適なベッドルームまでこしらえた。

こんな奇天烈なツリーハウスは見たことない！

仕事部屋のなかを突き抜けるホストツリー

古いボートがゲスト用寝室に変身

　"とりあえず"からすべてが始まったこの家。それが今では1階は倉庫と木工作業場。2階は台所、バスルーム、応接間、食堂、オフィス、書斎、ゲスト用寝室。そして3階にはロフトとエドワードのベッド……。

　驚いたことに、「まだ加えたいものがあるんだ」とエドワード。冗談なのか本気なのか、「今はロケットを探している」という。さらに、あるゴルフ場に飾られている全長10mの恐竜ティラノサウルスにも目を付けているとか。

　さて、それでなくとも目立つこの物件。しかも町の中心地にある郡庁舎や裁判所から200mのところにあるので、役人が訪ねてくるのにも時間はかからなかった。はなからこんな"立派"な建物にする計画だったら、きちんと建築許可を申請してから着工しただろうが、

　「いやね、思いつきと気まぐれで造り始めたら、つい火がついてしまって、どうにも止まらなくなったんです」

　そう弁解すると、検査官は家を見上げて、

　「なるほど……これは、見事なもんですなあ」

　と、それ以上は何も言わなかったとか。

　2002年5月に竜巻が発生して町に大打撃をもたらし、このオークにも損傷を与えたが、そこは検査官が太鼓判を押した物件、それを証明するかのようによく耐えた。

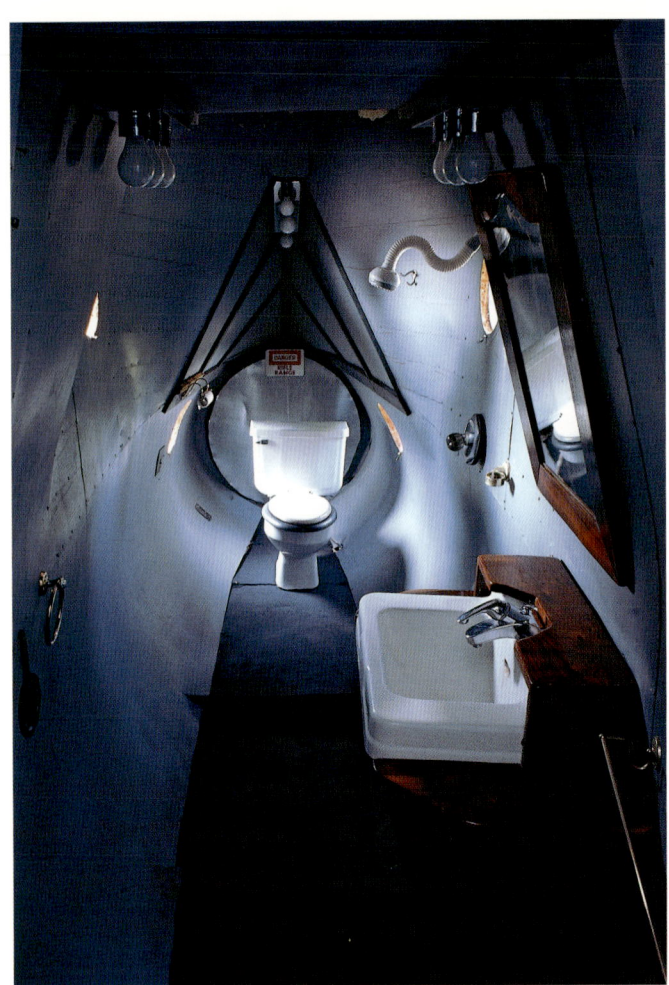

かつてエルビス・プレスリーが出演した映画で使われた潜水艦がバスルームとなっている

　エドワードにツリーハウスのなれそめをきいてみると、「6歳の頃、頭の高さほどの三角形のデッキを作ったのが最初で、その後もツリーハウスにずっと興味があったから遊びで建てていたよ。10代後半には、地上15mの高さの5階建てを造ったこともあるよ。そして、いま住んでいる"こいつ"こそが、私のツリーハウスの集大成かな。友人のなかには、『これこそが奇天烈なきみ自身を、きみの人生そのものを象徴しているよ』って言うものもいる。当たってるね。まあ、いずれにせよ、私はここで骨を埋めるつもりさ」
　そう語るエドワードの目の輝きを見る限り、その日はまだまだ遠い先のことだろう。

飛行機の機内をベッドルームに……グッドアイディア！

二人用ツリーシート
TREESEAT イギリス、シュロプシャー

　その昔、酪農の民は木の上に建てた小屋を物見櫓(やぐら)にして、家畜たちを眺めていたらしい（東アフリカやインドでは今でもそうしているが）。
　ここイギリス中部のとある田舎町でも、庭の草花を鑑賞しながら、ワイングラスを片手に樹上で静かに乾杯！を楽しむ夫婦がいた。
　この小さな樹上ラウンジのオーナーは、ガーデニング・ライターのミラベル・オスラー。彼女は以前から、「庭いじりの好きな人は大勢いるのに、どうして庭をじっくり観賞する人は少ないのかしら？」という疑問をもっていた。
　「わたしなんて、この庭をいくら眺めていても、ぜんぜん飽きないの。できれば、庭に咲く自慢のバラを鳥たちといっしょに眺めながらワインを……と思って作ってもらったのがこのツリーシートなの」と、ミラベルはその動機を語った。
　製作の依頼を受けたのは林業をしていて、ものづくりに関しても職人肌のリチャード。最初は螺旋階段でデッキに上るイメージだったが、木が華奢なのでリチャードはミラベルを説得し、はんの木を4本利用して固定式折れ階段で登る2人用の小さなデッキを作った。庭の雰囲気を壊さぬよう、材料はすべて樫の倒木を用いた。
　夫が健在だった頃には、朝、そばを流れる小川へよくワインボトルを冷やしに行った。そして仕事が終わると二人で樹上のデッキに腰かけ、庭をゆっくり眺めながら冷えたワインで一日の労をねぎらった。風のある日は、デッキが揺れているのか、ほろ酔いで揺れているのか分からないときもあったとか。
　「10年もてばいいさ」という軽い気持ちで作ったツリーシート。伴侶を亡くして転居した後も、娘の家族たちにしっかりと受け継がれている。

2人で満席のツリーデッキ。ガーデンビューの特等席——ワインで乾杯！

イウォーク族の棲み家
EWOK VILLAGE　イギリス、オックスフォードシャー

『スター・ウォーズ』の"イウォーク族の森"に刺激を受けて造られた砦は、子供へのクリスマス・プレゼント。だが、映画好きな夫人の夢はさらにエスカレートしているようだ……

映画『スター・ウォーズ／ジェダイの復讐』に登場する、クマのぬいぐるみのような愛らしいイウォーク族。彼らは緑ゆたかな衛星エンドアに住んでいて、密林の巨木にロフト状の棲み家を作って暮らしている。
　そんなイウォーク族の暮らしに魅せられたイギリス女性がいる。
　2001年、イングランド南部に住むテイラー夫人は映画を観て、ふと思いついた。二人の愛娘のためにツリーハウスを作ってやろうと。そこで夫人はツリーハウス作りの名人ジョン・ハリスに建築設計を依頼し、その夢を熱っぽく語った。
　「娘たちのために"サプライズ"でクリスマス・プレゼントをしたいのです」と。
　オックスフォードシャー州にある邸宅から歩いて10分ほどの人の手が入っていない原始の森……。広い庭を横切り、幌馬車の脇を抜けて雑木林の道をたどると、やがて視界に緑色の池が入ってくる。イウォーク族が住む密林を思い起こさせるなんとも神秘的な雰囲気だ。
　そんなミステリアスな周囲の環境をうまく利用し、森に自生するブナの木の樹上に3棟のツリーハウスが載っかっている。それぞれに美しい曲線美を見せるツリーハウスは、梯子やロープの吊り橋でつながっている。
　建設費は総額2万ポンド。プロのツリーハウス・ビルダーを3班に分け、各班1棟を担当してデザインから施行までを行い、クリスマスのプレゼントになんとか間に合わせようと3週間で仕上げたのだった。
　いちばん大きい家にはベッドと家具も備えられていて床面積は18㎡、小さい小屋は8㎡。室内設備はイウォーク族を見習い、自然の暮らしに徹して電力は引いていない。
　デザインのテーマは、映画のイウォーク族のイメージにならって"隠遁の砦"であった。各ツリーハウスへの出入口はあちこちに設けてある。
　目玉のアトラクションであるジップスライドに乗れば、池の上を滑走して対岸へ渡ることもできる。
　「樹上のイウォーク村」と呼ばれているこのツリーハウス。やがては、ちょっと離れた丘の木から小屋までロープを張り、スライド式ブランコを渡す計画もあるとか。どうやら、子供たちにも増して、親の夢はますます膨らんでいるようだ。

王子の館
PRINCES' PLAYHOUSE　イギリス、グロスターシア

1987年、チャールズ英国皇太子から二人の王子（ウイリアム王子、ハリー王子）のためのツリーハウスとして、その設計を仰せつかったのは建築家のウィリアム・バートラム。場所は、1980年にチャールズ殿下が私邸用地として英国中部グロスターシア州の緑豊かな森に購入したハイグローヴの雑木林。

シカモアやヒイラギの木々が生えた森で、バートラムの目にとまった1本のヒイラギがホストツリーに選ばれた。

地元の職人デヴィッド・パーマーが高さ4mの星形のベースを作り、本体はバートラムの腕の見せどころで、ヒイラギの葉のイメージが全体にアレンジされている。

尖った葉の形でテラスと入口のドアをかたどり、窓枠と手摺はヒイラギの赤い実をイメージした色で統一してある。（写真右）

室内は若い王子2人で使っても充分な広さで、小さなバルコニーもある。ホビット型の屋根は藁で葺いてあり、ファンタジックな雰囲気をかもしている。

樹上へのアクセスは、当初は梯子だったが、「なるべく危険性は省いて頂きたい」との皇室の意向で廃案となり、しっかりと固定した階段で上がることとなった。

将来の英国皇太子である王子の遊び場とあらば、安全第一はいたしかたないところ。

移築されて石柱の上に載せられた新館

しかし、王子とて元気な男の子で、遊び盛り。そこでバートラムが、王子たちの喜ぶ顔を思い浮かべながらデザインしたのは、サーカスの曲芸ブランコもどきの仕掛け。落ちても平気なように下にネットを張る予定だったが、この案もボツになってしまった。

90年代後半になると、ヒイラギの木は老化現象である樹皮の傷みを見せはじめた。そこで木の健康を考慮し、敷地内に移築されることとなった。

今度は石柱を支えとし、その上に丸太で組んだ土台骨を載せ、解体して補修した本体をその上で組み直した。この新しい遊びの館へは石の階段で上がる。

2003年、このツリーハウスのテラスでチャールズ皇太子、ウィリアム王子、ハリー王子の3人がカメラに向かって楽しげに並んでポーズをとっている。後で分かったことだが、この写真は同年のクリスマス・カードに使われていた。

ヒイラギのイメージでデザインされた王子のツリーハウス

樹上のオフィス
TREEHOUSE OFFICE　イギリス、スコットランド／ペントランドヒルズ

　近年、オフィスに使用するツリーハウスの需要が増えている。ここに紹介する医療会社の会長を務めるロバート・ウィルソンの木の上の仕事場は、自宅にいながら子どもたちの喧騒から逃れて静かな環境で仕事をしたいと設けたもの。

　2002年、ツリーハウス・カンパニーに依頼して作った念願の仕事場は、スコットランドのペントランド丘陵に身を隠すかのようにひっそりと建っている。

　ウィルソンは、人体のもつ自然治癒力を刺激して病気を治すホメオパシー治療（同毒療法）に携わる者として、家を支えるシカモアの木になるべく負担をかけない施行方法を要求した。建材は、伐採する以上に植林している良識ある木材業者からカナダ産とスカンジナビア産のレッドウッド（セコイア材）を取り寄せた。

　治癒力についてウィルソンは、「治癒力は、地面と接しないところで高まるという興味深い迷信があるんだよ」とそっと教えてくれた。たしかに、ザイル1本で高い山に登っていく登山家と呼ばれる人たちが、何かに取りつかれたようにその虜になるのも分かるような気がする。

　オフィスの機能は完備しているが、もちろん遊び心も忘れてはいない。外壁の色は主張を効かせた鮮かな赤。屋根から突き出た小さな煙突は薪ストーブからの煙を吐き出し、船舶用の小洒落た丸窓がアクセントとして入口でお出迎え。片側にバルコニーもある。階段とドア、窓枠、バルコニーは白でまとめ、壁の赤によく映える。

　室内のコーナーの大きな窓にくっつけてデスクを置いたのは、季節の変わり目にダイナミックな色調を見せる丘陵と草原の眺めを楽しむためだ。

　室内の壁は落ち着きのあるナチュラル・クリーム1色で統一してある。

　外のベランダ、バルコニーも含めると30㎡に及ぶ大きなベースを支えるのは、三角式方杖とスチール製ワイヤー吊りによる相互扶助工法。設計者のジョン・ハリスは、「このシカモアは上部の主幹も太くて頑丈で立派な木だから、上に支点をとってワイヤーで大引の両端を吊っても心配なかった」と説明してくれた。

　オフィスには冷蔵庫と流し台もあり、夕暮れ時になると会員制の"樹上BAR"に様変わりすることも……。

オーナーはホメオパシーに精通していて、ツリーハウスの自然治癒力にも関心をもっている

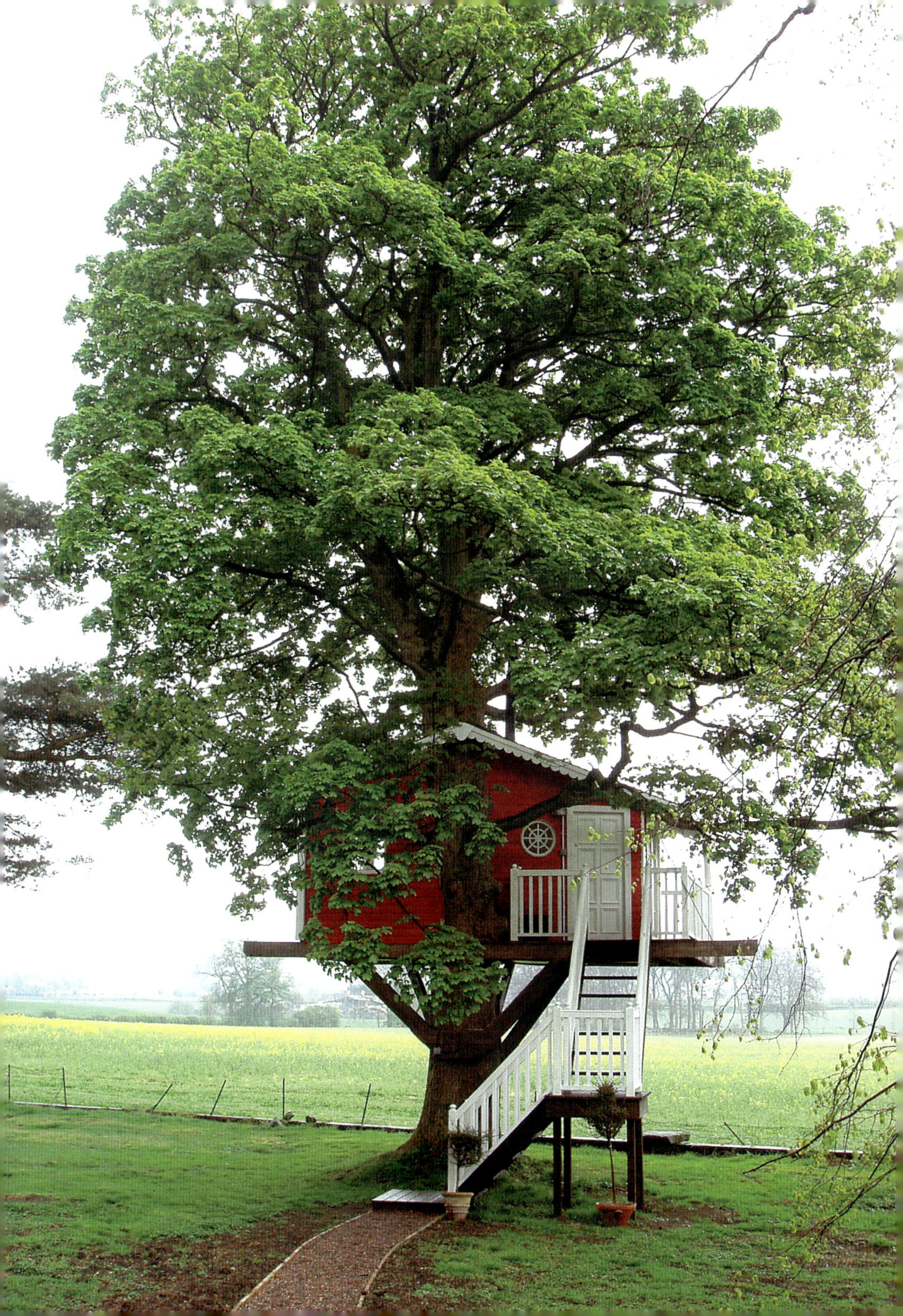

スペースシップ
'EVE' カナダ、バンクーバー島

宇宙船「イヴ」へようこそ！

　カナダの造船技師トム・チャドレイは、当初、ハウスボートを樹上に浮かばせる予定だった。そこで木造船を吊り上げる前に、まずは試作品として小さい球体を吊ってみて、問題点を洗い出すことにした。
　1995年に試作にとりかかり、『イヴ（Eve）号』と命名された球体が、バンクーバー島のトム邸近くの杉林にぶら下がったのは、4年後の世紀末のことだった。
　その瞬間、最初のハウスボート構想は、トムの頭から完全に消え去っていた。
　トムが笑みを浮かべながら解説する──
「この宇宙船『イヴ号』の製作にあたっては、造船技術の粋を凝らした。えらく骨の折れる厄介な仕事だった。まず球体を作るために、伸縮性のある丈夫な木材10本を半円状に曲げ、それを組み合わせて球状の骨組みをこしらえた。それからがまた大変、まん丸にするためにバンドで全体をくるくる縛ったよ……」
　とても苦労したとは思えない口ぶりでつづける。
「表面は、薄くて長い杉材のベニヤ板2枚を接着剤でくっつけ、それを曲げながら骨に沿わせて固定していくという行程をくり返して、やっとのことで球の全面を覆いつくしたよ。仕上げは、室内を断熱効果のあるガラス繊維で表面加工し、外側はエポキシ樹脂で上塗りした……」
　たしかに透明なエポキシを使うことでニスを塗ったように見え、木目もきれいに透けて見える。

UFS（未確認飛行球体）を発見！

P34の絵にそっくり！ はたして次世代
ツリーハウスの主流になるのだろうか

螺旋階段を登り、短い吊り橋を渡って、いざ入船！

　イヴの内装は、ヨットのキャビンをイメージして造り込んだ。
　コンタクトレンズみたいな大きな窓の下にはダブルベッド、反対の窓際にはデスクとソファが置いてある。おまけに電話と電気まで引いてある。
　直径2.7mの球体船イヴ号の乗員は、定員3名ということになっている。
　イヴはツリーハウスの今後の可能性を示すかのように、宙に浮いている。
　実際は、見てのとおり3本の木を支点にとり、荷重負担を分散させて吊られているのだが、強風時はともかく、人が室内を歩くとき以外はほとんど揺れを感じない。
　このスペースシップへの乗船手段は、当初、入口へ直接よじ登る梯子が考えられたが、結局は木を利用した普通のアクセスが採用された。おしゃれなトムは螺旋階段をイヴにいちばん近い木に取り付けると、そこからかわいい吊り橋を伸ばし、ほんの3、4歩渡って宇宙船に乗り込めるアプローチを考案した。
　イヴの特徴は、なんといってもその軽さだ。空の状態ならたったの205kg。その設置に要する時間は、3人がかりで3日間。降ろすだけなら1日で充分。
　「つまり、ちょっと近くの森へ引っ越したくなったとしても、それほど手間はかからないというわけ。たとえ遠隔地であっても、ヘリコプターで吊るして運べば何の問題もない……」
　と得意げに言って、トムは空を見上げた。

電気に音響システム、電話も使える

　軽いのはいいけれど、強度は大丈夫なの？　と思う向きもあるだろうが、そこはベテランの腕利き造船エンジニア。
「実は、吊り下げ作業をしているときに、誤って3本のロープ中、2本が外れてしまったことがあった。しかし、イヴは1本のロープでも落下せず、振られて木にも衝突したが、まったく無傷だった」
　ところで、室内には球体効果を利用した音響システムも搭載されているが、静かな森のなかでのクリアな音響は聴覚を刺激してほどよいヒーリング効果があるといわれていて、トムの狙いもそこにあるようだ。
「イヴの船内に入って、雑音のない環境のなかで好きな音楽を聴いていると、ほんとに癒されるよ」
　2001年になると、"船大工"はイヴに改良を加え新作を造ることにした。船名も「エリン（Eryn）号」とあらため、改修作業にとりかかった。研究熱心なトムにしてみればイヴにはちょっとした欠陥と、居住性に不満があったらしい。
「まず、ワイヤーロープを球体に接合させるポイントがね……」とか、
「ゆっくりくつろぐために、もう少し広い室内を……」が修正課題となった。

室内の内装はヨットがお手本

　居住性については、軽量のアラスカ産スプルース材を用いることにより、船体を重くすることなく室内空間をやや広くすることに成功した。
　その後、エリン号の出来栄えに満足したトムは、
「これを鋳型(いがた)にしてガラス繊維製の球体が量産できないものか」
と目論(もくろ)んでいる。
　これまでに手間ヒマかけて作った木造製のイヴもエリンも、その研究開発・製作費は一体につき、なんとUS60,000～68,000ドルもかかっている。
「もしガラス繊維で作れば、費用を4分の1以下に抑えられるだろう」
　と、トムは"宙吊りツリーハウス"の可能性に期待している。
　その先を見つめる未来のイメージには、球体10個を森の中に吊るし、1個はキッチン、1個はバスルーム、1個はトイレといったように生活機能を分散し、残りの球体で20～30人が寝泊まりできるという居住構想がある。
「意志のあるところに道は開ける」という。夢追い人であるトムの純粋で強い意志をもってすれば、「球のあるところに森は開ける」のも、そう遠い日のことではないように思えてきた。

母の夢の棲み家
MAGICAL MYSTERY HOUSE　イギリス、ウェールズ

　子どもの遊び部屋として作られたこのツリーハウスは、ホストツリーに同化したように見えるほどみごとにマッチした完成度の高い仕上がりとなっている。

　デザインは樹齢300年のブナの樹形をそのままうまく活かし、二股に分かれた太い幹を包むように左にツリーハウス本体を、右にベランダを設けている。入口の階段が二股の隙間にかけてあるので、入るときはまるでブナの木の体内に吸い込まれるかのようだ。

　デザインと施工を任されたのは、ツリーハウス・カンパニーの代表を務めるジョン・ハリス。これまで500棟ものツリーハウスを手掛けてきたが、なかでも5本の指に入る自信作だそうだ。では、その誕生秘話を……。

　ジョンのところに最初に問い合わせがあったのは1995年。新聞に載ったツリーハウスの記事を読んだリンディ・プライス夫人が、

　「動物の棲み家のような小さなツリーハウスを、木にかけたいんですけれど……」という相談をもちかけてきた。というのも、先祖からプライス家が受け継いできた土地には、ブラック・スワンと呼ばれる水鳥や小馬のポニーが棲みつくなど、いつしか野生動物の棲み家のようになっていたからだ。

　ところが、リンディと何度か打ち合わせをしていたにもかかわらず、急に彼女からの電話がぷっつり途絶えてしまった。ジョンはてっきりリンディの計画は頓挫したのだろうと思っていた。

　ところが、一年後のある日、リンディの娘ソフィーから電話があり、母親の訃報を知らされたのだった。ソフィーは涙をこらえながらこう伝えた。

　「残された私たちで、母の夢だったツリーハウスを引き継いで作りたいんです。みんなの誇りだった母をいつでも偲べるように、形見としても、ぜひ完成させたいのです」

　二つ返事で引き受けたジョンは、ツリーハウスが本来もつ神秘性を生かしたデザインにすることで、リンディの夢を叶えることにした。

　こうして完成した"母の棲み家"――。樹上のデッキへは、固定式の階段か縄梯子を使って登る。広いベランダにはしっかりとした手すりが付けられていて、そのデッキからは湖を見渡すことができる。室内の内装は松材で統一してあり、隅にベッドが据えられ、電灯が吊り下げられただけのいたってシンプルなインテリア。

　完成から4年が経った今、過ぎゆく時の経過とともにその色褪せた風合いが周りの風景にみごとに溶け込んでいる。

　「リンディの形見を受け継いで、家族みんなが今でも頻繁に利用していることが、何よりも嬉しいよ」とジョンはいう。

　それにしても、四季の移ろいとともにこれだけ違う表情を見せてくれるツリーハウスも珍しい。リンディの遺志がブナの木に宿って一体化しているように見える。

みごとに冬景色に溶け込む母の形見

ツリートップ・ダイニング
SKY DINING ROOM イギリス、バーウィック

カーペットから天井へ突き抜ける7本の大枝

　このツリーハウスの設計者ジョン・ハリスは、依頼されたときにこんな電話を受けた。
「このことは、どうか家族には内密に……」
しかも、こんな条件まで付けられた。
「作業は週末の朝9時から夕方5時までにしてください。子どもたちにくれぐれも気づかれないようにお願いします」と。
　依頼主のタロック夫人から後日ふたたび、「建築許可が取れましたので、さっそくお願いします」との電話があり、秘密裏に作業を進めることをもう一度、念押しされた。
　当時を振り返ってハリスは、「子どもに知られないように建てるのはまだしも、旦那さんにも内緒となると、厄介なことになるのでは？」とプレッシャーを感じたという。
　ところが、作業前夜にタロック夫人が電話をかけてきた──「主人には秘密を打ち明けました。まだツリーハウスには興味がないみたいだけれど、完成したらきっと気に入ってくれると思うわ」と。これでとりあえず"男の間の秘密"がなくなり、ハリスはホッとしたという。
　かくして35,000ポンドという高額予算に変更もなく、翌日から、庭先に立つ樹齢200年の樫の大樹に挑んだのだった……。
　見てのとおり、完成した室内を太い幹から分かれた7本の大枝が突き抜けている。
　螺旋階段を使って昇り降りするこの家には電気と水道が引かれており、キッチンのほかにテレビや音響システムも装備されている。
　ハリスがもっとも気を使ったのが風対策だった。この地はスコットランドとの国境の町バーウィックにあり、一年中、北海から吹きつける強風をもろに受ける。そこで、土台と枝の接合箇所にスライド式ブラケットを使うことで、揺れに対して遊びをもたせるサポート工法を採用した。
　いつもはダイニングルームとして使われるツリーハウスだが、夏の天気のいい日などは、下のコートで行われるテニスの試合の特別観戦席にもなる。
　ところで、気になるのが完成後のご主人の反応。タロック夫人にきいてみると、「お客様がこられたときなどは、自分で案内しながら『これが私の自慢のツリーハウスです』って言ってますわ」とのこと。めでたし！

職人の高度な技術を必要とするサポート工法によって建てられた

ツリー・ハンモック
PORTALEDGE & TREEBOAT HAMMOCK
ポータレッジとツリーハンモック

「木に登ったら、一晩泊まりたい……」という木登り愛好家の望みを叶えてくれる道具は、いくつか発売されている。なかでも人気があるのは、「ポータレッジ」と「ツリーボート・ハンモック」と呼ばれるものだ。

木にぶら下げ、宙に浮いているように見えるポータレッジ（写真）は、ワイヤー1本で枝に吊るす簡単な仕掛けだが、命綱を腰に巻いてセットしなければならない。

ツリーボート・ハンモックは、2～4箇所でバランスをとって吊るすので、手間はかかるが支点が多いぶん安定感もある。値段は、前者がUS500ドル、後者はUS200ドルと手頃な価格。

米国オレゴン州の山奥に、ツリークライミングの専門具を作っている「ニュー・トライブ（NEW TRIBE）」社がある。社長ソフィア・スパークスは、ツリーボートを発明した経緯をこう語る。

「登るだけというのは、木登りの半分しか楽しんでいない。残り半分の楽しみは、景色を眺めながらゆっくりと休むこと」

カリフォルニアのアーボリスト（樹木医）で、ロッククライミングやツリークライミングを趣味とするアンドリュー・テイラーは、ポータレッジがお気に入りだ。

「1箇所だけで固定し、好きなところに吊れるから楽しいよ。水平に伸びた太い枝なら、宙吊り状態にぶら下がることができる。もし枝が心細ければ、もう1本上の枝にロープをかければいい」

幹の近くに吊るすなら、簡単にツリーボートやポータレッジに乗り込める。では、枝の中ほどに吊ったときは、どうやって入るのか？　テイラーが説明する。

「宙に浮かぶボートから、縄梯子を垂らして登るのさ。クライミングの要領でね。そんなに大変なことじゃない。ただし、万が一のために身にロープを結んでおくことだね。いつか息子と木登りキャンプに出かけた晩、2人用ポータレッジで寝ていたら、おしっこがしたくなって目が覚めた。そんなときは面倒だけど。でも、大自然のなかでの素晴らしい浮遊感は、何ものにも変えがたいよ」

ポータレッジが"木登りのお宿"に採用されて、まだ日は浅い。

元祖は1950年代にカリフォルニアで生まれたロッククライミングの装具だった。当時、クライマーたちはヨセミテ渓谷の峻険な岩壁に挑戦していた。垂直に切り立った900mの絶壁もあり、そんな険しい岩壁を1日で制覇するのは不可能だから、しばしば岩棚で仮眠をとりながら、スリリングな登攀に挑んでいた。

そこで80年代に登山家のマイク・グラハムが考案したのがポータレッジだった。初期モデルは小型の折畳み式ベッド。これにより岩棚でのビバーク（野営）が楽になり、悪天候のときは岩肌に固定したポータレッジに潜り込んで天候の回復を待って、未踏ルートへのアタックも可能となった。

そのポータレッジも、今では癒しの道具として利用されている。ひとり大気の匂いに浸るもよし、心静かに瞑想に耽るもよし……。

さらに改良が加えられて進化し、機能性もほぼ完成の域に達し、今ではレースのカーテン地やカラフルな生地、迷彩柄のものまで店頭で見かけるようになった。このポータレージならどこにでも取り付け可能

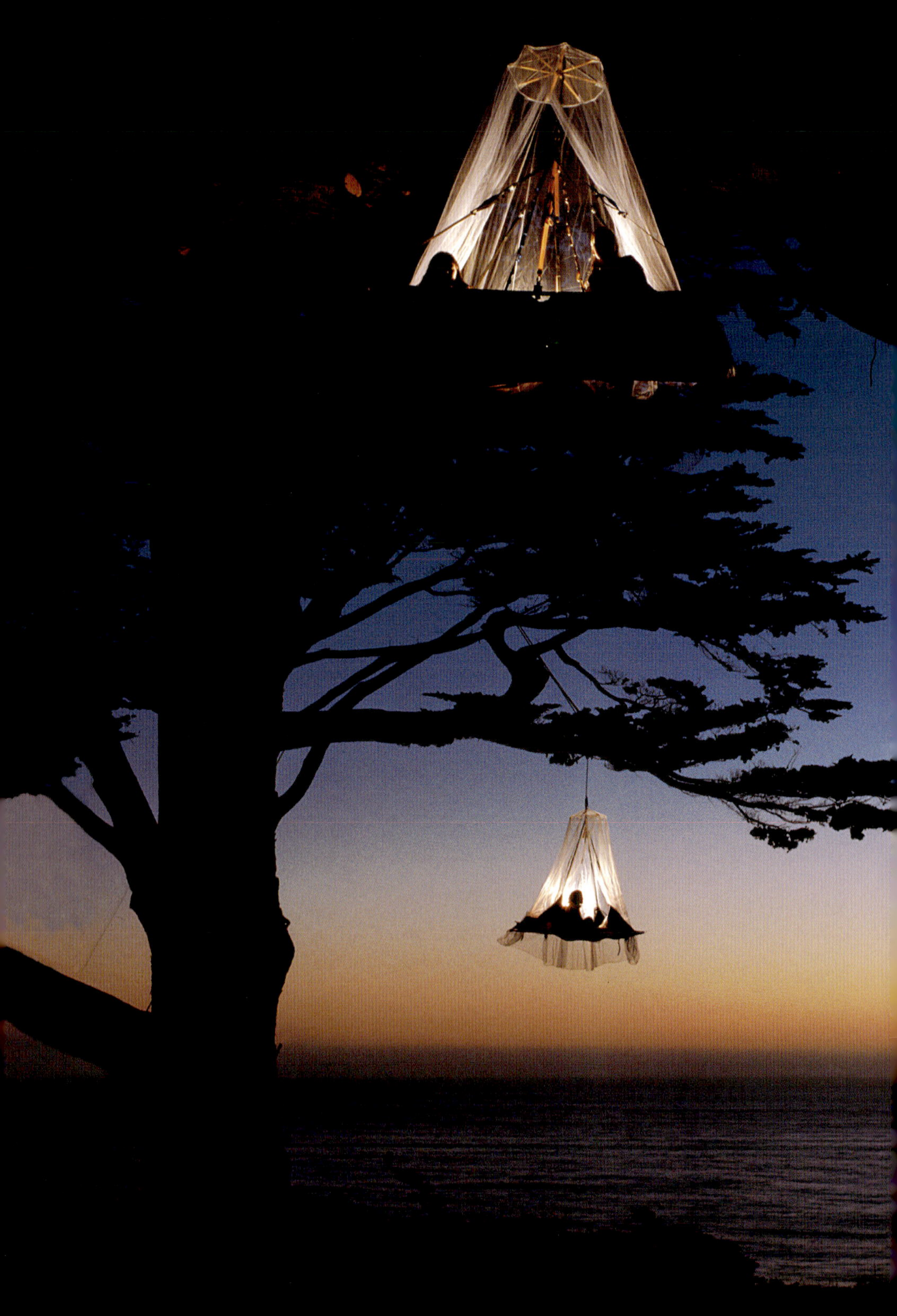

この空のゴンドラといってもいいツリー・ハンモックは"木遊び"の一つの極地といえよう

Part4 未来篇

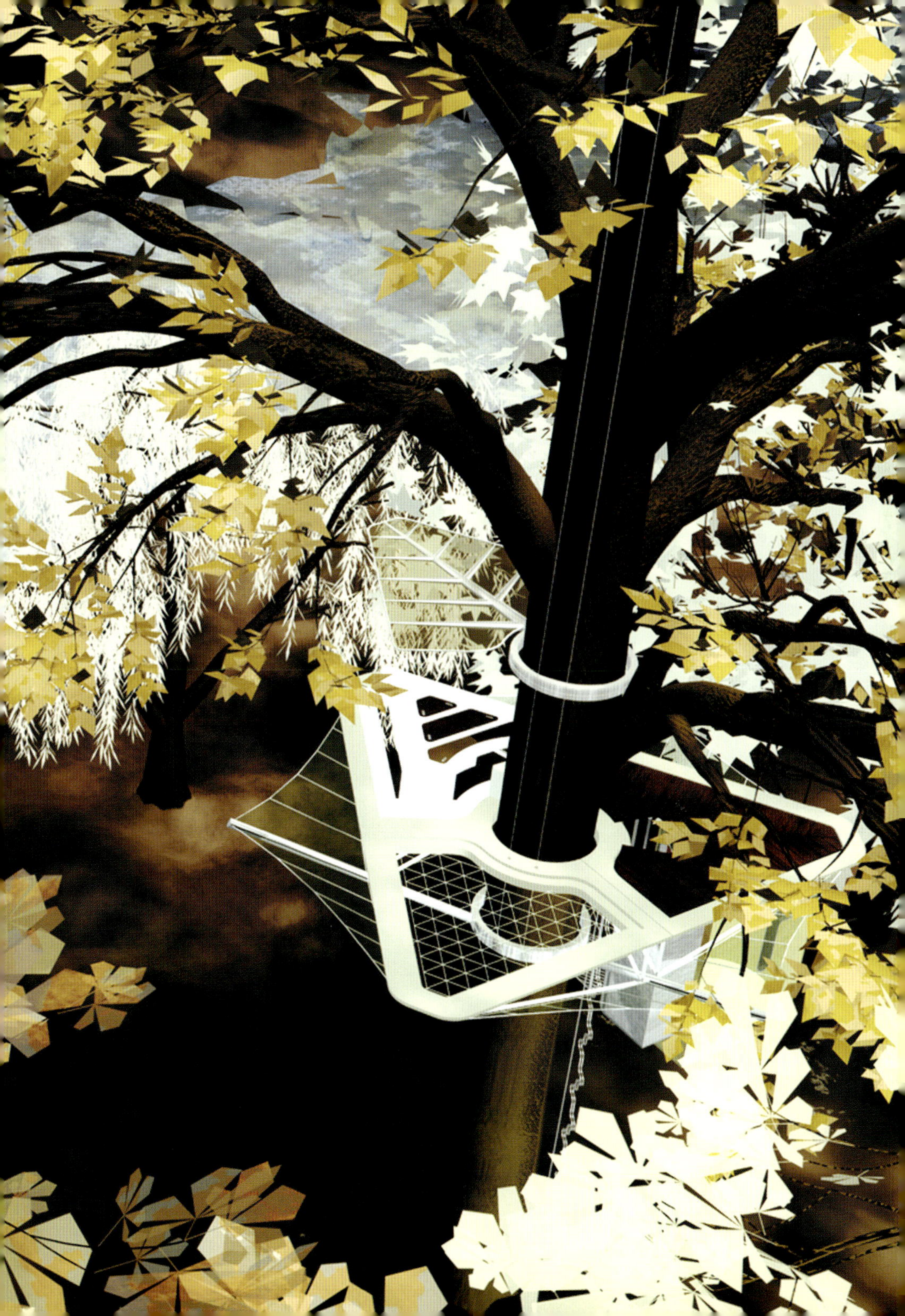

国際ツリーハウス・コンテスト
INTERNATIONAL TREEHOUSE COMPETITION

　ハワイを拠点にリゾートビジネスを展開する「ツリーハウス・オブ・ハワイ」の社長デヴィッド・グリーンバーグは、2000年に環太平洋のビーチ（ハワイ、中国海南島、ヴェトナム、フィジー）の4か所で、ツリーハウス・リゾートを建設する契約を取り付けた。しかし、100棟以上のツリーハウスの設計に費やす時間がなく、世界中の建築デザイナーから広くアイディアを募ることにした。

　そこで、Webサイト上で『国際ツリーハウス・コンテスト（International Treehouse Competition）』を開催した。募集要項は下記の通り──。

- 地球環境にやさしい設計デザインであること
- ヤシの木をホストツリーにすること
- 1棟に2〜6人が宿泊できること
- 1棟の総床面積は45〜90㎡にすること
- 台風対策を考慮すること
- 基礎の支えにはステンレス鋼鉄材を使用すること
- 地元産及び持続可能な材料を優先して使用すること
- 本体の構造物は地面に接してはならない
- 独立発電による電力供給（奨励）
- 可燃処理トイレの設置（奨励）

　このコンテストは予想を上回る反響があり、世界46ヵ国から500件を越すエントリーがあった。2001年1月の一次選考会で、審査委員長グリーンバーグと11人の審査員は100件にまで絞り込んだ。最終選考は一次選考をクリアした100のエントリー者を審査員に加えて決戦投票し、評価の高かった上位4件のエントリーを入選デザインとして採用した。

　ところが、エントリーの募集をはじめた頃から急に国際情勢がおかしくなり、リゾート・プロジェクトにも影響を及ぼすことになる。まず2000年5月にフィジーでクーデター未遂事件が発生。。これによりフィジーの治安は不安定となり、海外からの観光客は入国できなくなり、計画はお蔵入りとなってしまった。

　翌2001年4月には、海南島沖合いで米海軍偵察機と中国軍機の衝突墜落事件が起き、米中の外交関係は一気に冷え込み、海南島での計画も凍結した。

　さらに全世界を驚愕させた2001年9.11の米国同時多発テロ。2002年10月のバリ島爆弾テロ。そして、2003年4月に東南アジアとカナダを中心に発生して全世界に波紋が広がったSARS騒動。

　それら一連の事件により世界の観光地は大打撃を受け、破綻に追い込まれたホテルや関連企業の数は測り知れない。グリーンバーグの環太平洋地域でのツリーハウス・リゾート開発も、健全な観光産業が前提となっていただけに、すべてが白紙の状態に。それでも彼は、「計画が完全にボツになったわけじゃない。いつの日かきっと実現させてみせるよ」と、夢は持ちつづけている。

　それでは、コンテストで入選した幻の4作品と、ロンドンの新進気鋭デザイナーが描くところの近未来ツリーハウスを紹介しよう。

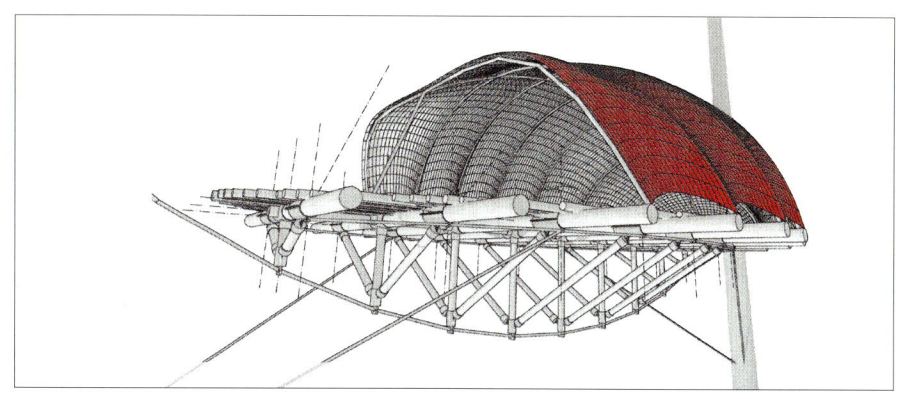

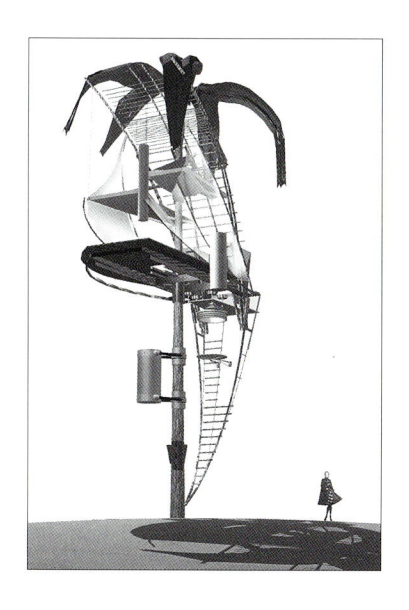

ここに発表する4つの受賞作品は、ビーチ・リゾートを舞台に、かつヤシの木を用いるという条件でデザインされたものだが、いずれの作にも今後のツリーハウスの可能性を示す創意工夫が盛り込まれている。上からドイツ、スイス、アメリカ&アイルランド、ドイツのチームの受賞作

ココナツ・ボール ドイツ・チーム

　ドイツの建築家コルプ、ベアー、ドルの3人組が考案した未来のツリーハウスは、浜辺のヤシの木に架けたもの。
　ヤシは熱帯の海岸沿いに育ち、常に台風の脅威にさらされながら厳しい自然を生き抜いて進化を遂げてきた。それに敬意を表し、ヤシの実の構造をツリーハウスの設計に取り込んだユニークな作品である。
　風を受けて身をくねらすように伸びる幹は、ホストツリーにはならないけれど、「2本の幹に"蜘蛛の巣"を張れば、いけるのではないか」という発想から生まれた遊び心満点の作品と言っていい。

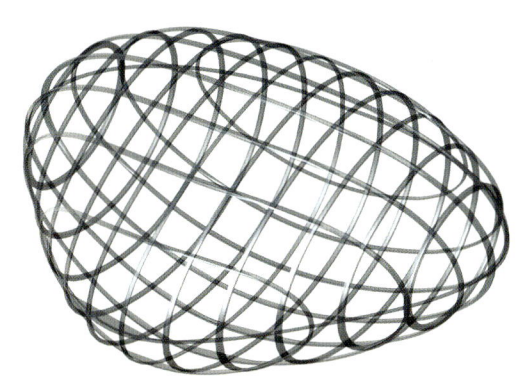

ヤシの実であるココナツの形をイメージした本体デザイン。形だけでなくココナツの頑丈な殻の繊維構造も設計デザインの参考にしてある

　このSF的デザインは宙に浮いた大きな繭のようだが、快適そうなカプセルは、ヤシの実（ココナツ）をかたどっている。
　ヤシの実は、内側から胚乳液（ココナツミルク）、胚乳（白い果肉）、内果皮（硬い木質）、中果皮（たわしの毛のような繊維質）、外果皮（薄い層）で形成されている。
　そのいちばん硬くて構造上の基礎となる内果皮を骨格にし、それをおおう中果皮を表面材に見立ててデザインしている。
　これを実際に作る場合は、造船技術を駆使して木材で楕円状に骨組みをこしらえ、表面を半透明の新素材でおおってスケルトン状にするという。
　設置は、2〜3本のヤシの木にケーブルを張って固定する。
　さて、この"ココナツ・ボール"に乗り込む手段はというと、コクピットの下部に取り付けられた搭乗口からのびる縄梯子。使用しないときは巻き上げるか取り外すかして、より浮遊感を際立たせる外観デザインがとり込まれている。定員は2〜3人となっている。

ビーチ・ゴンドラ　ドイツ・チーム

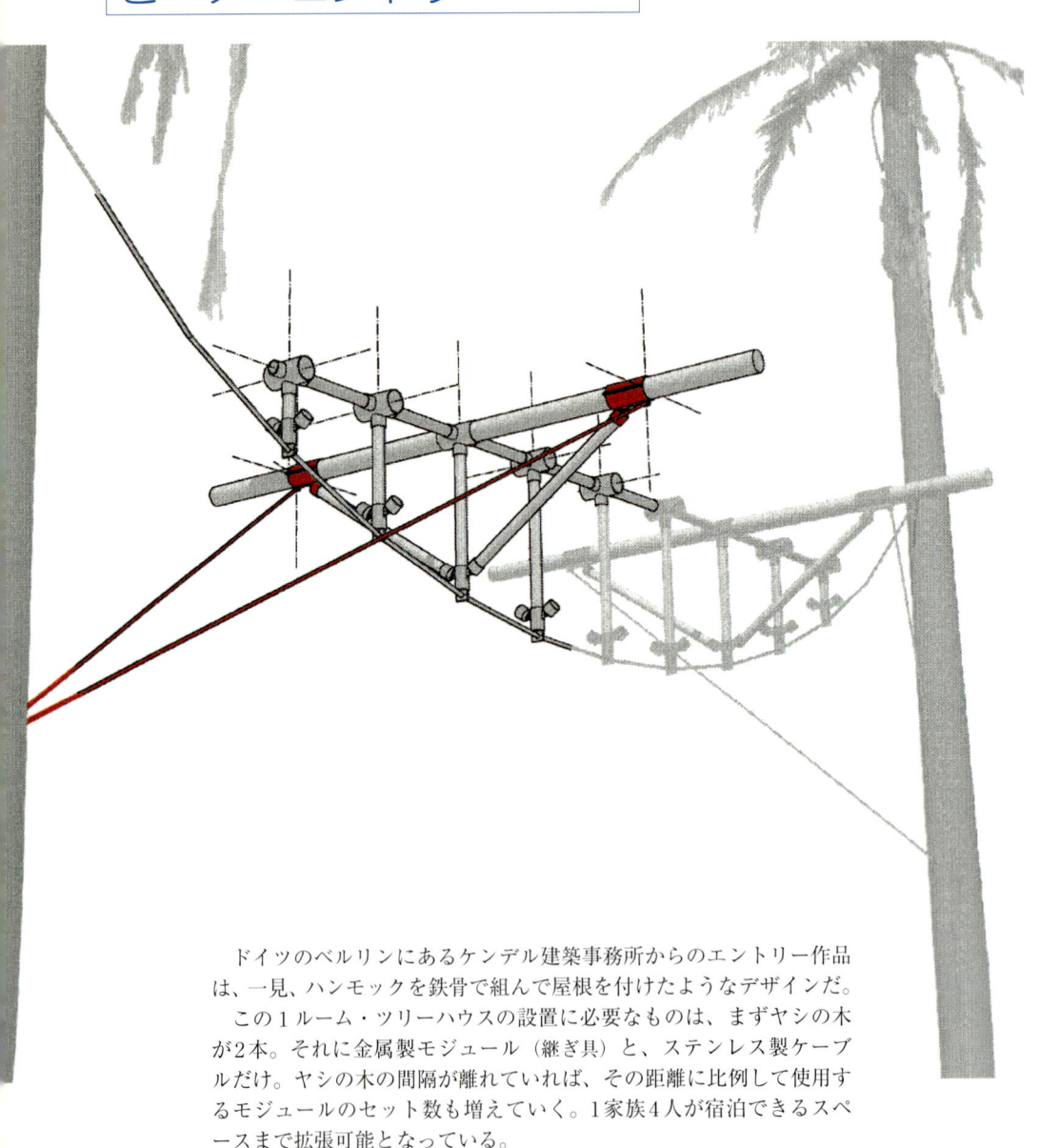

　ドイツのベルリンにあるケンデル建築事務所からのエントリー作品は、一見、ハンモックを鉄骨で組んで屋根を付けたようなデザインだ。
　この1ルーム・ツリーハウスの設置に必要なものは、まずヤシの木が2本。それに金属製モジュール（継ぎ具）と、ステンレス製ケーブルだけ。ヤシの木の間隔が離れていれば、その距離に比例して使用するモジュールのセット数も増えていく。1家族4人が宿泊できるスペースまで拡張可能となっている。
　セットするときは、地元産の木材をモジュールで継ぎ合わせて基礎を作り、ケーブルを張ってそれを支える。
　基礎ができたらに床材を張っていく。

海辺のツリーハウス・キャンピング場のイメージ

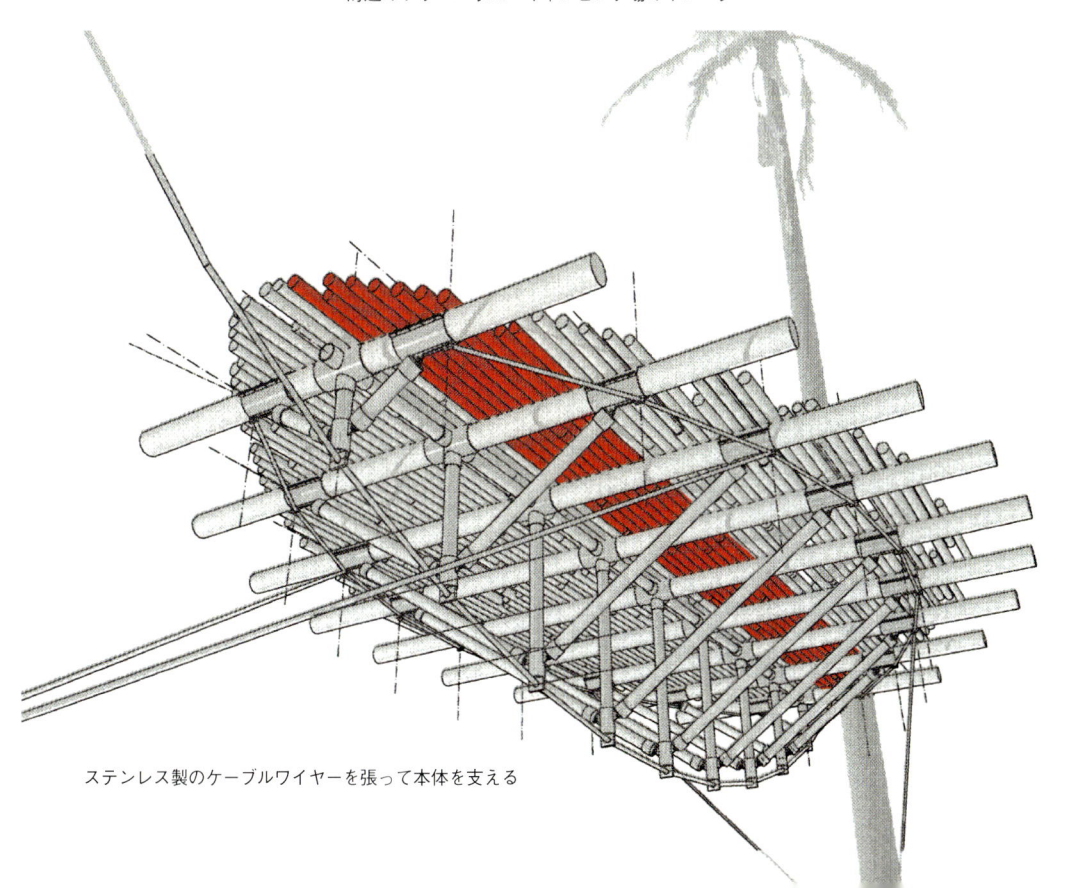

ステンレス製のケーブルワイヤーを張って本体を支える

構想では2本のヤシの木があれば設置条件はクリアーされる

　床を張ってベースができたら、ドーム状の屋根を組んで、防水・耐風性に優れたパラシュート生地をかぶせる。
　内装は現地で手に入る材料しだいで、ヤシの葉を編んだココヤシマットや、ヤシの葉を床に敷きつめるのも一案だろう。
　ちなみに、このアイディアにヴェネズェラのある旅行会社が関心を寄せている。ヴェネズェラの観光産業はまだ未熟らしく本交渉には到っていないが、その受け入れ態勢さえ整えば、実現の可能性も秘めている。収容人数は大きさにより3～5人。

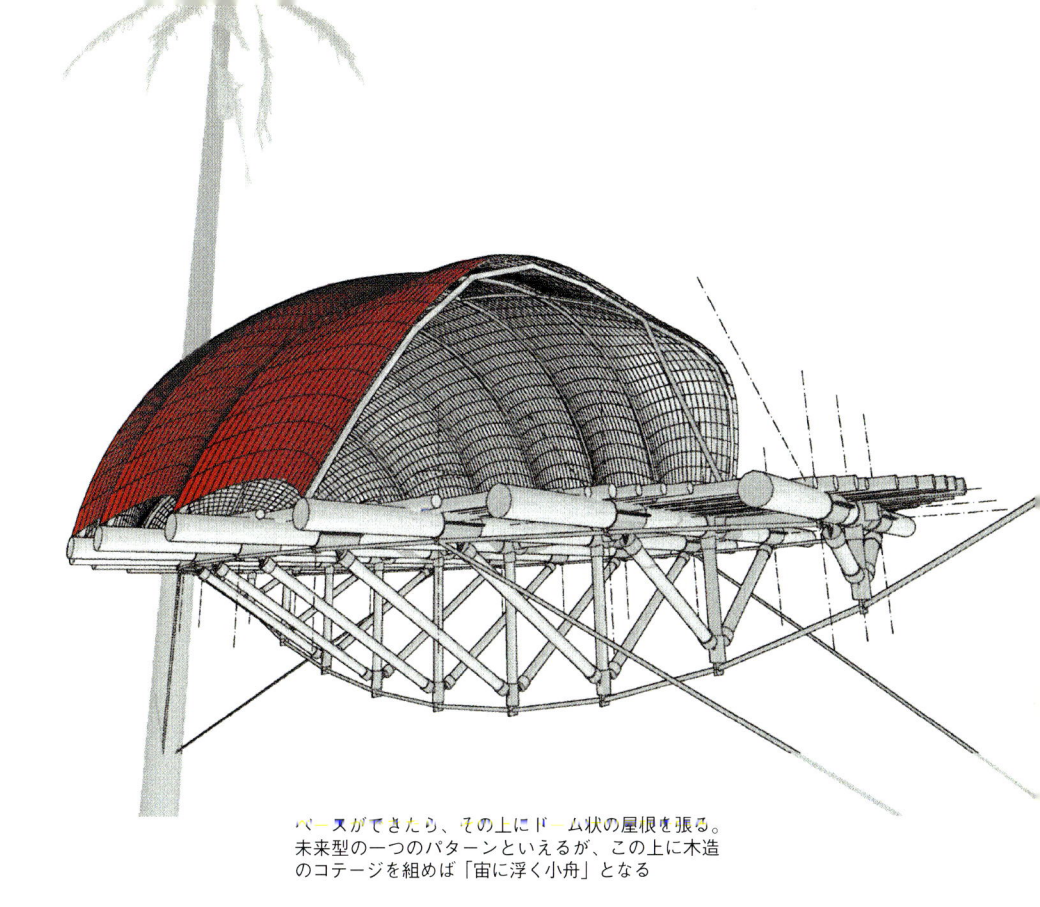

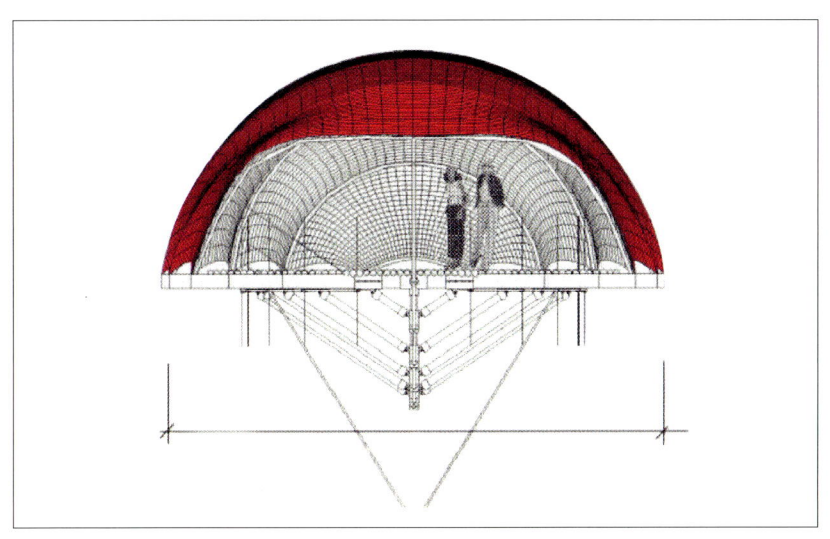

ベースができたら、その上にドーム状の屋根を張る。
未来型の一つのパターンといえるが、この上に木造
のコテージを組めば「宙に浮く小舟」となる

パラソル・ハウス　スイス・チーム

　これを考案したスイス・チームは、パラソルをモチーフにデザインした「傘型テント・ツリーハウス」でエントリーし、みごと激戦を勝ち抜いて入選を果たした。
　セッティングは、傘を開いて吊るすほど簡単ではないが、設計上はスムーズに取り付けられるようになっている。
　まず、ヤシの木の3～4mの高さに、傘の先端をとめるリング状のステンレス金具を固定する。次に、傘骨の軽金属フレームを地上で開き、そのフレームに全天候型のテント地を張る。それをプーリー（滑車）で持ち上げて、テントの先端を幹にセットした金具に固定する。高さはヤシの木によってほどよく調節すればいい。

床は心地いい空気マットになっている。その床が傾いたり、風で揺れないように傘の裾をロープで縛って地面にしっかり固定する。

　2～3人用だが、大型は4～5人収容でき、テント内はカーテンで仕切ることもできる。

　入口は床に丸い穴が空けてあり、縄梯子で出入りする。

　このパラソル・ハウスの特典は、その下のスペース。陽射しをさえぎる涼しい日陰を提供してくれるし、熱帯地域では毎日のように降るスコールの雨宿りにもなる。

　夜のとばりが降りれば、色とりどりのキャンドルが海の上に灯っているように見えるだろう。

とんがりハットのように先端の尖らせたデザインは、風の抵抗を軽減する狙いもある

椰子の木ロフト　アメリカ＆アイルランド・チーム

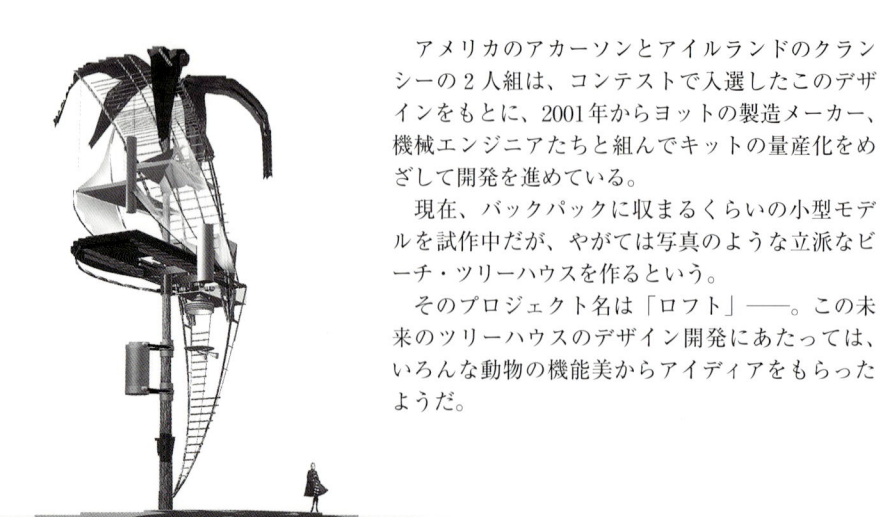

　アメリカのアカーソンとアイルランドのクランシーの2人組は、コンテストで入選したこのデザインをもとに、2001年からヨットの製造メーカー、機械エンジニアたちと組んでキットの量産化をめざして開発を進めている。

　現在、バックパックに収まるくらいの小型モデルを試作中だが、やがては写真のような立派なビーチ・ツリーハウスを作るという。

　そのプロジェクト名は「ロフト」──。この未来のツリーハウスのデザイン開発にあたっては、いろんな動物の機能美からアイディアをもらったようだ。

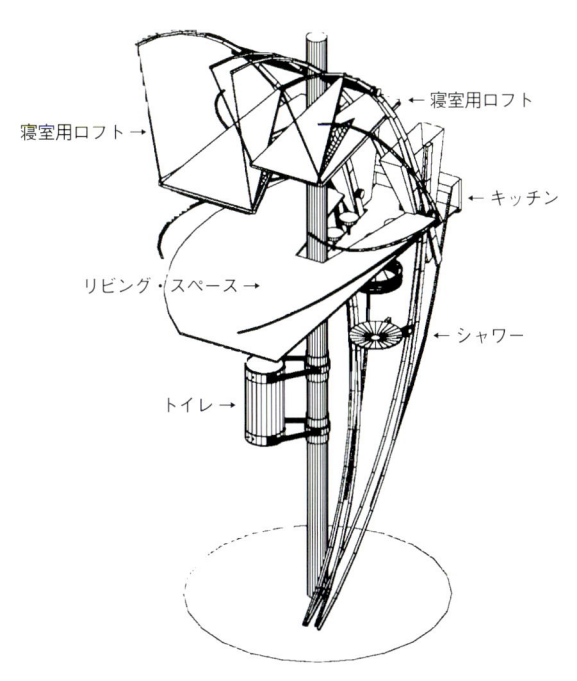

寝室用ロフト→
←寝室用ロフト
←キッチン
リビング・スペース→
←シャワー
トイレ→

弓状のテンションで支える斬新な構造デザイン

　まず鳥の翼の構造を空気力学的に分析し、水中を自在に泳ぐニジマスの尾びれの構造を水中力学的に研究し、さらには象の鎧のように硬い皮膚にまでヒントを求めて専門書をめくったという。さながらレオナルド・ダ・ヴィンチのようだ。
　その設置法は、ヤシの木と基礎フレームの接合には釘1本使わず、フレームの張りだけで固定する。イメージは、弓矢を射るときにきりりと矢を引き絞った形にセットするという。「猛烈な台風にも耐えるヤシの木の柔軟性から閃いたアイディアです」と2人は誇らしげに語る。
　樹木の生命線である形成層（p162参照）の保護対策も考えてある。金属フレームが幹に食い込んで形成層を破壊するのを防ぐため、エアバッグのようなものを幹に接する部分に取り付けて擦れを軽減する。
　「このロフトのコンセプトは、ヤシの木に図々しく寄生するのではなく、あくまでも共生するツリーハウスをめざしています」と2人は付け足した。

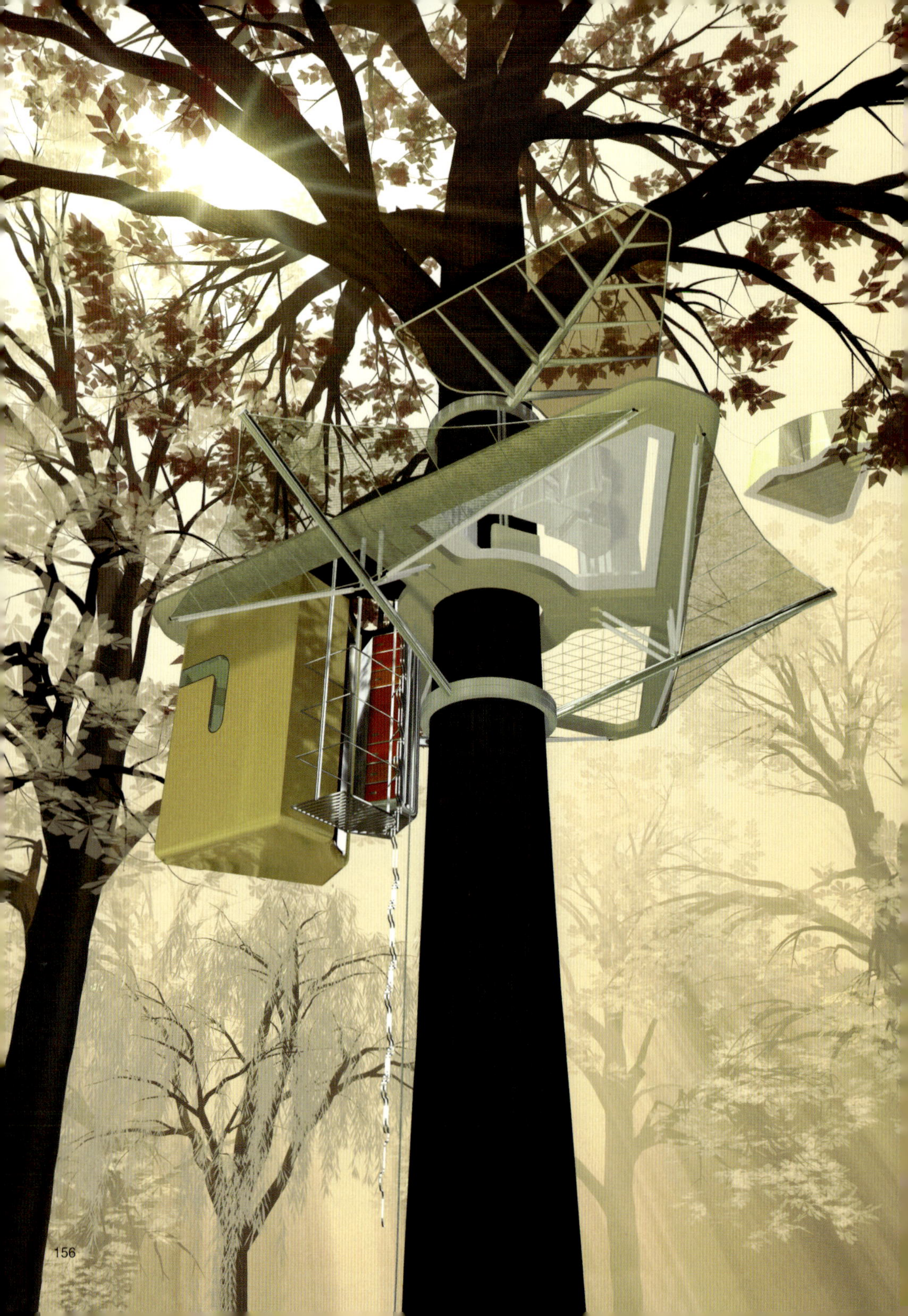

近未来ツリーハウス
MODULAR DESIGN

　インテリア誌『Wallpaper』が、ロンドンで幻想的な生活空間を提供しているクリエート集団「ソフトルーム」に、仮想ツリーハウスのデザインを依頼した。
　そして建築家クリス・パゴットとデザイナーのオリバー・ソルウェイから提出された作品は、近未来のイメージを放つ仕上がりとなっている。
　デザインはというと、ホストツリーは太い幹をもつ立派な樹木が想定され、本体を支えるのは3枚の翼型フレーム。これをクレーンで吊り上げて、ほどよい間隔をあけて幹にボルトを貫通させ、3箇所で固定する。それから大きなプラモデルを組み立てるように、キットを取り付けていく。
　この近未来型は、各キットの超軽量化をめざしている。軽い素材で木への負担をできるだけ軽減し、運搬とセッティングの簡易さも追究したいという。
　カプセル・トイレや小型キッチン、収納ユニット、ベッドなど一式揃っているが、シャワーや電灯、天蓋もオプションとして付けられる。アクセスは取り外し可能な梯子を使用。
　仮想デザインだが、ツリーハウスはまだ技術的に発展途上にあるから、失敗を恐れぬ試みも大事だろう。
　このセッティングは、幹にボルトを貫通させるが、やがて水平レベルを正確に出せる貫通技術が確立されれば、木へのダメージを最小限にし、最大の強度を出せる可能性を秘めている。
　新進気鋭のクリエーターである2人は、「限られた時間で、即興で考えたデザインだが、試作してみる価値はあるんじゃないか」とのコメントを寄せている。

真正面から見たイメージは樹間をかすめて飛ぶシャトルのようだ

斜め上から見下ろしたイメージ。本体の左上に浮いているコクピットはワイヤーで吊り下げた高度調整のきくゴンドラ。森のなかでくつろぎ、居眠りするには格好のスペースといえよう。新素材の軽量キットで組み立てれば、ツリーハウスのいろんな可能性が見えてくる

アルミ製のしっかりした梯子は取り外しも可能

ツリーハウスの作り方
BUILDING A TREEHOUSE

ツリーハウスの造り方に決められた方式などない。すべての木が違う形をし、種類も個性も千差万別。立地条件や気候・環境も土地によってさまざま。ここではツリーハウスを建てるときの基本的な知識を紹介しておこう。

★施工前の心得

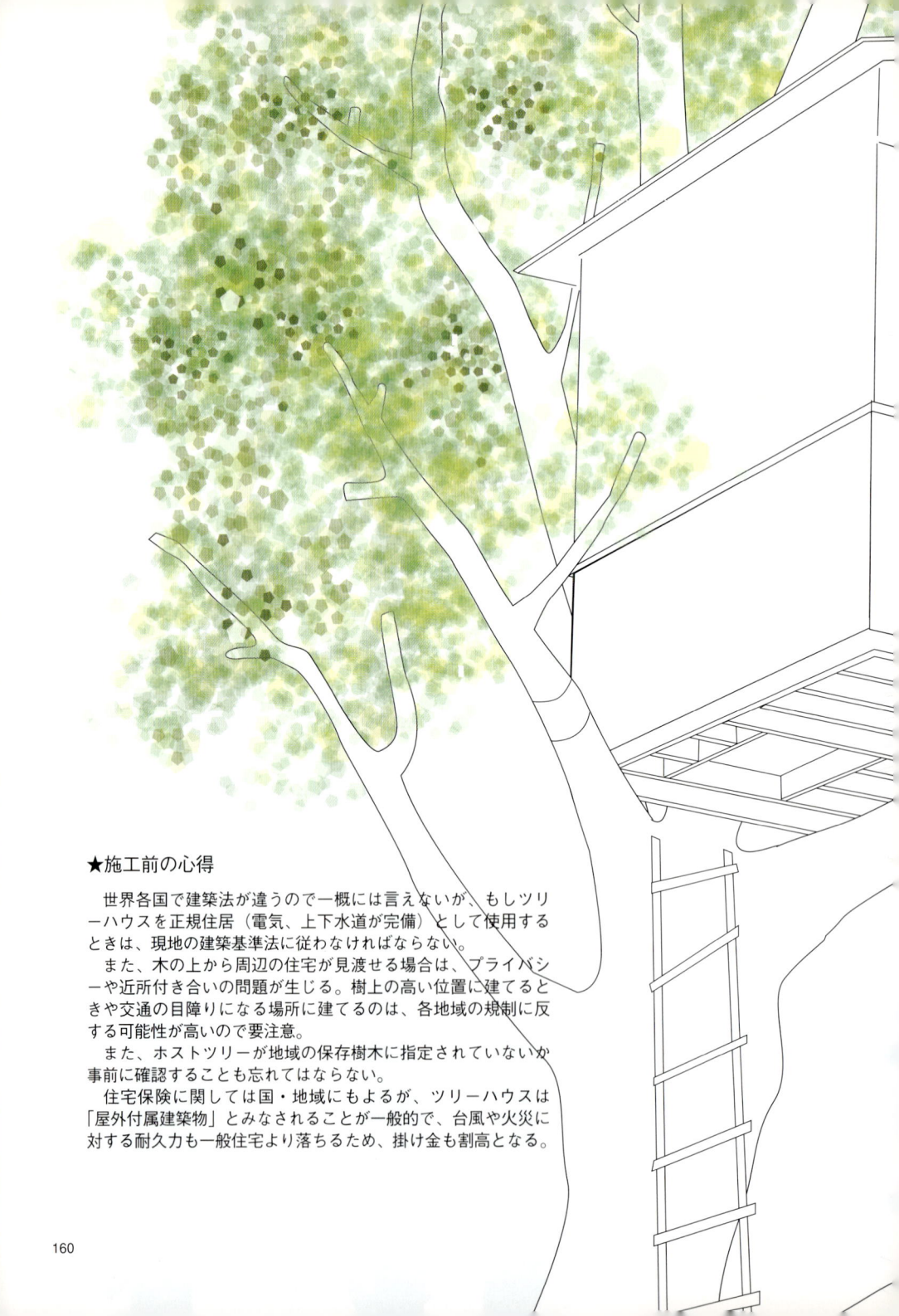

　世界各国で建築法が違うので一概には言えないが、もしツリーハウスを正規住居（電気、上下水道が完備）として使用するときは、現地の建築基準法に従わなければならない。
　また、木の上から周辺の住宅が見渡せる場合は、プライバシーや近所付き合いの問題が生じる。樹上の高い位置に建てるときや交通の目障りになる場所に建てるのは、各地域の規制に反する可能性が高いので要注意。
　また、ホストツリーが地域の保存樹木に指定されていないか事前に確認することも忘れてはならない。
　住宅保険に関しては国・地域にもよるが、ツリーハウスは「屋外付属建築物」とみなされることが一般的で、台風や火災に対する耐久力も一般住宅より落ちるため、掛け金も割高となる。

★ホストツリーの選択

　ツリーハウスはまず「樹木ありき」。ホストツリーの選択ひとつでデザイン、高さ、アクセス、日当たり、耐久年数が変わってくる。
　理想とされる木は、成熟していて健康で木質が硬くて丈夫な樹木。例えば、オーク（カシ）、ファー（モミ）、メープル（カエデ）、ビーチ（ブナ）、アッシュ（トネリコ）、ウィロー（ヤナギ）など。
　次に理想の設置場所だが、ある専門家は「枝を利用して基礎を固定する場合は、その太さが少なくとも直径17.5cm以上はないと、安全強度および樹木への負担の面で心配である」と指摘する。
　理想の樹形は、地上3〜6mの高さの主幹から、枝が手の平を上に向けたように複数のびて青々と葉を茂らせていること。
　しかし、なかなか理想の大樹に巡り会うことはない。そこでよく用いられるが、複数の木を柱にしてツリーハウスの基礎を載せる方法。これだと1本1本の支えとなる木が地に根を張っているので安定性は抜群。ただし、成長のスピードに差のない同種の木が望ましい。
　実際の作業では、本体スペースのために剪定をしたり、風の影響を考えて枝を切る状況も生じる。そのときは、樹木医やアーボリストに相談して剪定指導を受けたり、彼らに枝打ちを頼むのが望ましい。

辺材（白太）
心材（赤味）
形成層

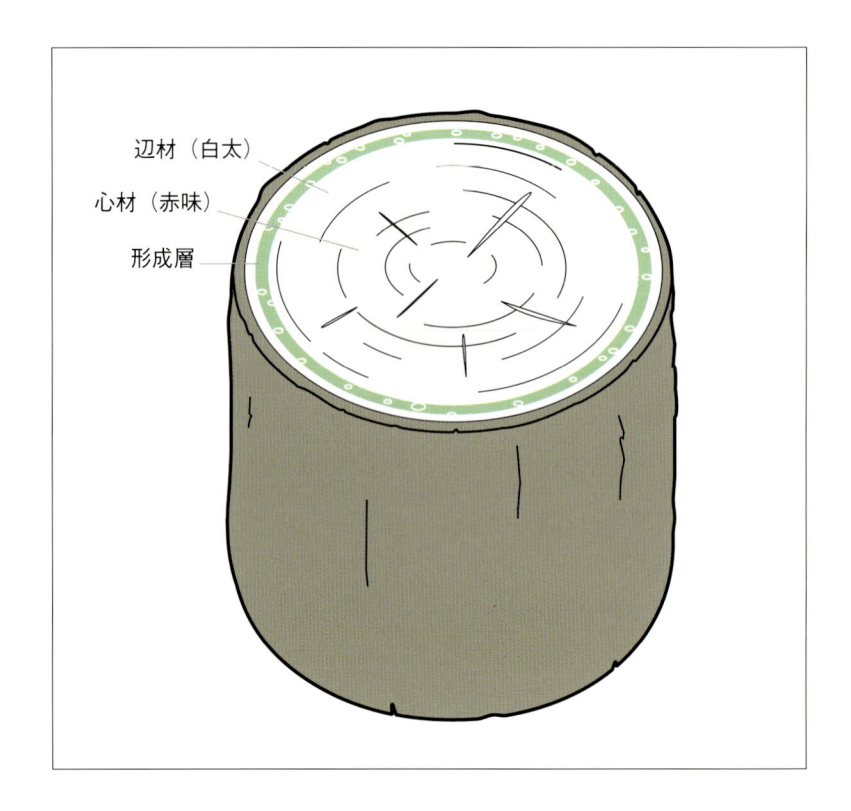

★接合方法

　ツリーハウスをどのようにして木に固定するか。従来のサポート工法の技術が開発される一方、木に直接ボルトを打ち込む工法に抵抗を抱く環境主義者も消えることはないだろう。いずれにせよ、安全性と自然との共存をテーマに、未来に向かって探究していかなければならない。

　動物と同様、植物にも自然治癒力が備わっている。その力は、自由に移動できない植物の方が優れているかもしれない。たしかに、木に金属ボルトを打ち込めば傷口ができる。しかし、樹木の成長メカニズムを正しく認識したうえでボルトを埋め込むのなら、木の生命に致命的なダメージは与えない。むしろ木に優しいと思われがちな固定式による"締めつけ"のほうが、危機的な状況をもたらしかねない。それは「形成層」に起因する。（図のグリーン部）

　木は、樹皮のすぐ内側にある水分や栄養分を通す形成層という組織が分裂を繰り返すことで幹と枝を太らせながら肥大成長をする。ある樹木医によると、「形成層の3分の1が損傷を受けて組織が破壊（壊死）されると、その木は栄養失調に陥り、やがて枯死する」という。よって、形成層をピンポイントで差すボルト固定のほうが、幹周りを締めつけて機能不全に追い込むより、与えるダメージは少なくなる。つまり、締めつけは首絞め行為といえよう。

★ボルト固定する場合の注意点

1. ステンレス製などサビ止め加工がしてある鉄製品を使うこと。鉄の酸化で生じたサビは分解されずに病原菌となり、蔓延して木の病気を起こしかねない。
2. 複数のボルトを1カ所に集中して打ち込まないこと。形成層の局部的な破壊を招く。
3. 最大効果を生む最低限の本数を使用する。建築戦略をよく練れば、無駄なボルトを減らすこともできる。ツリーハウス施工の専門家に相談して、アドバイスを受けられればベスト。
4. 使うボルトは充分に長いものを。形成層の内側の木質は組織としては死んでいるので、木の生命にはほとんど影響はない。ボルト固定で最大効果を得なければ価値は半減。

　最近はサポート工法も改良が進み、ホストツリーの形状に合わせた金具の使用も見られるようになった。また基礎を固定する補強ワイヤーも多用されている。

★デザインと施工
　「初めに木ありき」。それを踏まえて設計し、施工の基本はしっかりとした土台作り。いかに自然有機物である生木の樹上に違和感なく頑丈な土台を組めるかが、ツリーハウス・クリエーターの腕の見せどころ、地上の家を建てる大工との決定的な違いだろう。
　専門家は、安全性を優先するならホストツリーの地面から8分の1の高さに土台を組むのが理想的だという。低いほど幹も枝も太く安定し、風による揺れの影響も少ない。太い枝が腕を広げたように数本張り出したホストツリーが見つかれば理想的だ。
　まずビーム（大引）を2本枝に水平に渡して固定する。思い通りに作れることはまずないから、強度と重量のバランスを考え、ケーブルを使うなど臨機応変に工夫する。

さらに強度を増すなら、大ビームの上に数本の小ビーム（ひと回り細い）を交差させるように載せて固定する。そして根太（ねだ）を等間隔にのせ、その上に床材を張る。あるいは根太を省略し、厚い床材を直接ビームの上に張れば土台は完成。
　上図のようにホストツリーが頼りない場合は、周囲の木の助けを借りる。そばに２〜３本の生木があれば、それを支えに利用する。ただし、木の大きさや種類、場所によって風による揺れ方が１本１本違うので、ケーブルやスライド可能な接合具を用いて揺れの差に対応する。
　周囲に支えになる木がなければ、ホストツリーの周りに柱材を立てて補強する。

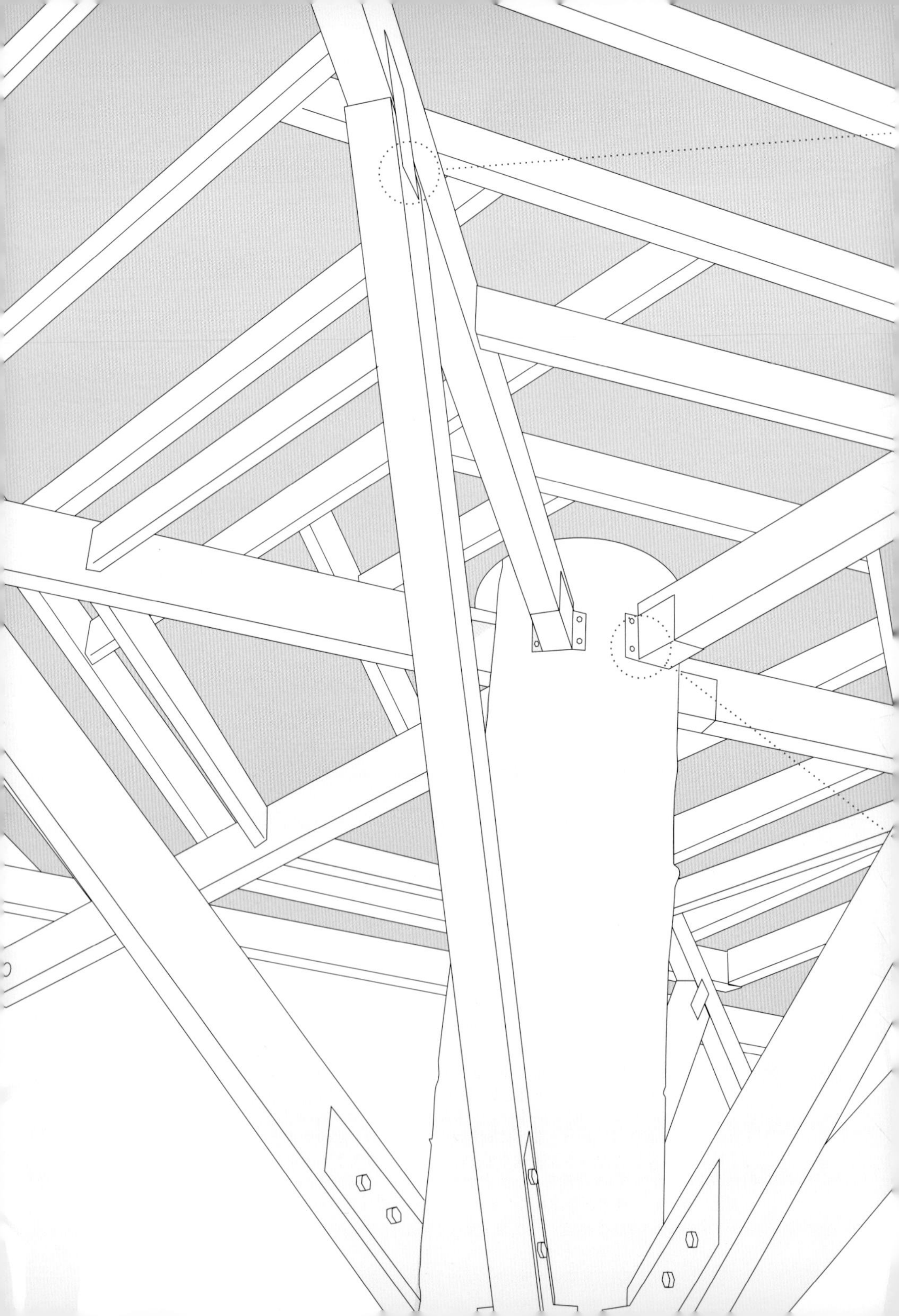

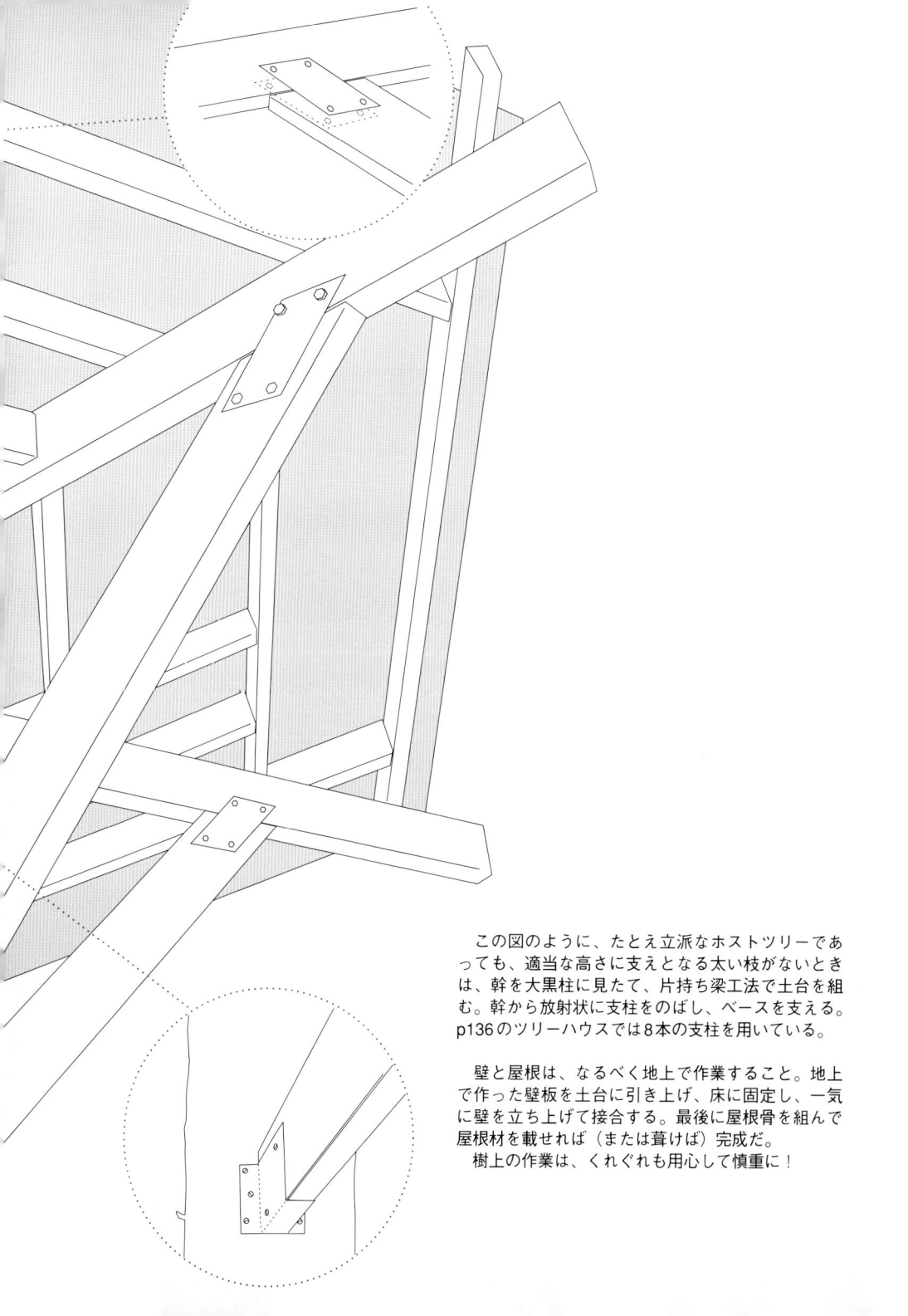

この図のように、たとえ立派なホストツリーであっても、適当な高さに支えとなる太い枝がないときは、幹を大黒柱に見たて、片持ち梁工法で土台を組む。幹から放射状に支柱をのばし、ベースを支える。p136のツリーハウスでは8本の支柱を用いている。

　壁と屋根は、なるべく地上で作業すること。地上で作った壁板を土台に引き上げ、床に固定し、一気に壁を立ち上げて接合する。最後に屋根骨を組んで屋根材を載せれば（または葺けば）完成だ。
　樹上の作業は、くれぐれも用心して慎重に！

★樹上へのアクセス

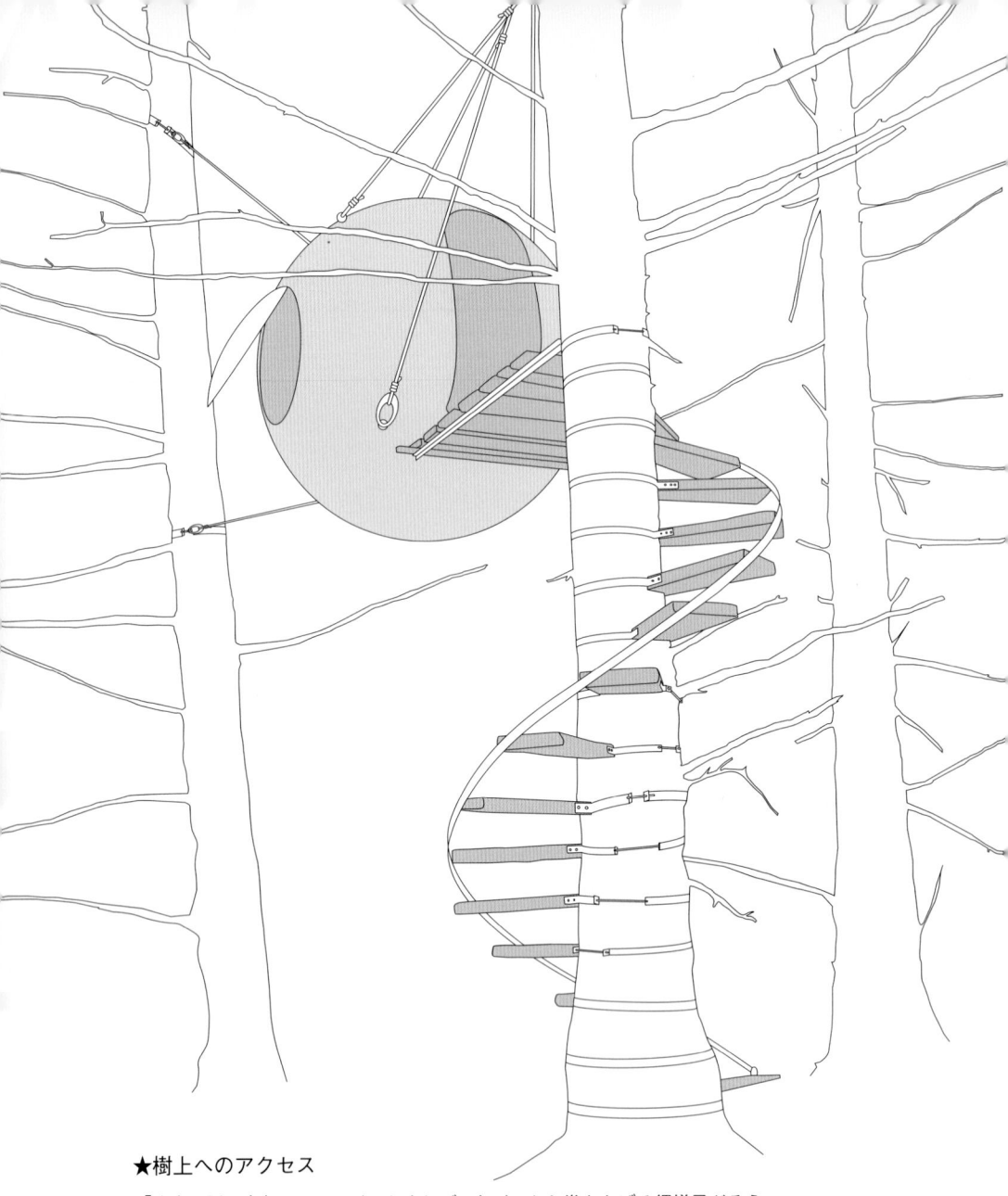

「秘密の隠れ家」のイメージからすれば、上がったら巻きあげる縄梯子だろう。しかし、昇降が厄介で危険を伴うので、あまり採用されていない。
　一般的なのは手摺付きの固定階段。土台が低ければ問題ないが、4m以上の高さになると、途中に踊り場を設けるなどして階段の勾配をゆるくしたい。
　優雅でスペースをとらないのが螺旋階段。作るには建築の知識と技術がいるが挑戦してみる価値はある。生木に螺旋階段を取り付ける場合は、あくまで昇降時の用心柱として利用する。

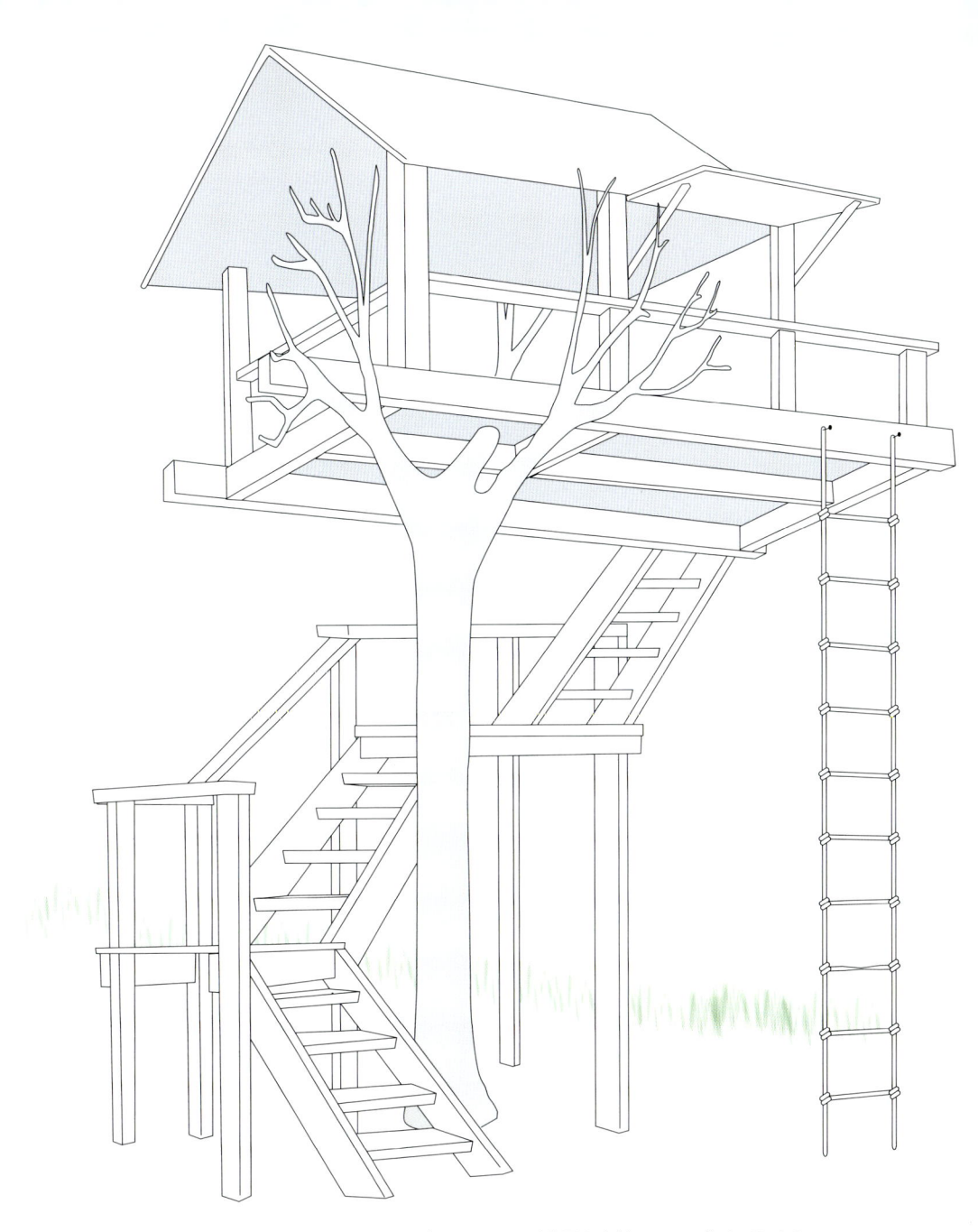

ステップをすべてボルトで固定するのは、形成層を串刺しにして傷めてしまう。既製の螺旋階段も一つの手だが、ツリーハウスの入口としてはハイテクすぎる。本書で紹介した「グリーン・マジック・リゾート」(p76)は、水力リフトで宿泊客を樹上27mの高さまで引き上げる。あなたなら、どんな手段で樹上の家へ？

★建築材料・素材

　基本はなるべく軽くて丈夫なものを。
　これを守れば、あとはオーナーの趣向と予算しだい。地球環境を考えれば、地元産の木材や持続可能な素材を用いることが望ましいが、それで安全性が損なわれては元も子もない。
　本書に登場するツリーハウスに使用されているユニークな材料や素材を参考にして、ひと味違う個性あふれる材料や素材で挑戦してみよう。ただし、コロワイ族のツリーハウスだけは、あくまでも参考にとどめておいたほうが身のため……。

★メンテナンス

　ツリーハウスを少しで長くもたせるには、ホストツリーの健康状態を常に観察し、異常に気づいたら樹木医などに相談して早めの処置を施す。それが生きた木を利用する人間のマナーだろう。
　ボルトを打ち込んだ箇所、荷重が直接かかる箇所については、とくに注意して観察する。もし専門家が、ツリーハウスが木の健康状態を損なっていると診断したら、いさぎよく解体撤去すべきだろう。「ツリーハウスは木ありき」。
　家のメンテナンスも重要である。土台の木材に損傷や腐食はないか、構造に歪みは生じていないか、階段や手摺りはぐらつかないかと、こまめに点検する癖をつける。補修箇所を見つけたら即、修理を！
　プロに建ててもらっても自分でチェックを怠らず、施工者にも定期的に見てもらう（施工者がちゃんとしていれば管理責任を果たすはず）。
　もちろん、固定金具や接合具の金属疲労、ロープやケーブルの磨耗点検も忘れずに。

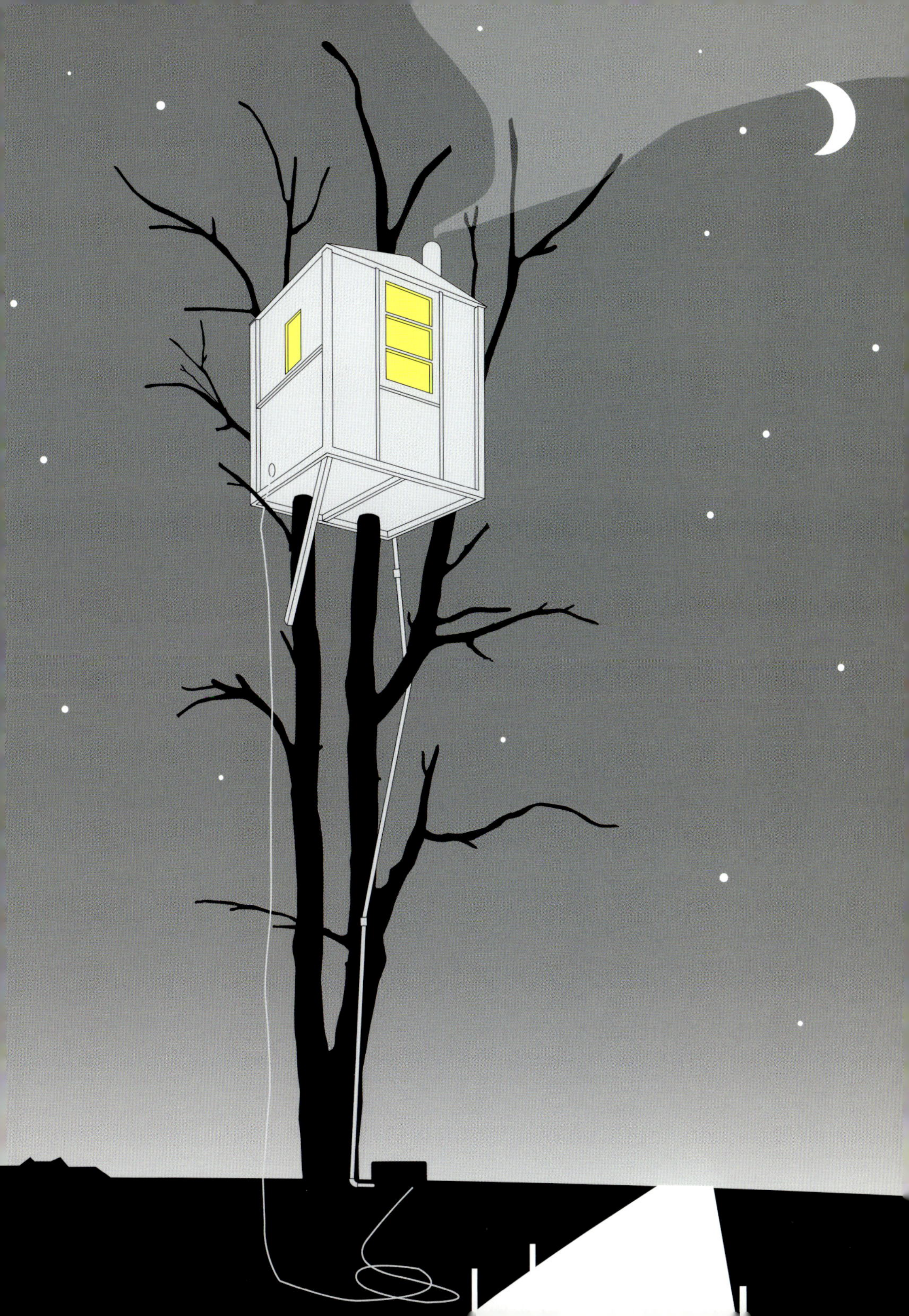

菩提樹の木に作られたチャペル。がっしりとしたホストツリーと太い枝に支えられた理想的なツリーハウス

Imago/AFLO

斜めに生えた木をホストツリーにしながら、周りの木でベースを支えている。階段の木には切り込みを入れ、手すりを添えている。ガラス製ランプを吊って照明に

編集後記

　本書は、これまでに翻訳刊行されたツリーハウス本とはひと味違い、たんなる物件の紹介にとどまらず、ツリーハウスの過去、現在、未来の可能性を体系的にとらえている。過去篇ではそのルーツをとことん探り、現代篇では物件の依頼者と製作者たちに直に会ってその動機と完成までの顛末を、突っ込んで取材している。

　歴史検証を受け持ったのはポーラ・ヘンダーソン。彼女は本業の建築史家の面目と好奇心を大いに発揮し、紀元前まで遡ってツリーハウスのルーツ探しをした。その労力には脱帽だが、前人未到の作業に心弾ませて挑んだに違いない。古代ローマの博物学者プリニウスが編纂した『博物誌（Natural History）』やフランドル絵画の巨匠ブリューゲルの『春』をはじめ、紅茶王リプトン卿のお茶会スナップからクマのプーさんまでが登場するとは、彼女のあくなき探究心と調査力のおかげであろう（きっと楽しかったに違いない）。それらの資料を見るにつけ、先人たちの豊かな想像力と遊び心に拍手を贈りたくなる。

　現代篇の著者アダム・モーネメントは、現代建築とデザインについて多くの雑誌に寄稿しているライターだが、本書ではとかく"家ありき"で語られるツリーハウスを、"人間ありき"の視点から取材することで、読み物として飽きさせないドキュメントにした。一つ一つの物件にそれぞれ違うストーリーがあることを、「ツリーハウス短篇集」として面白いアンソロジーにまとめている。すでに別の本で紹介されている物件もあるが、その足で書いた記事から、登場人物たちの"樹上の家への思い入れ"がひしひしと伝わってくる。そして自然への賛歌と木への労りの気持ちが全編に流れていることもうかがいとれよう。

ともあれ、西洋においてツリーハウスが一つの文化としてかくも長き歴史を刻んでいることを知り、羨ましくもある。しかしその反面、本書が東洋のとくに日本のツリーハウス事情のとば口に踏みとどまっていることが、いささか口惜しくもある。
　「アダムさん、なぜ日本の物件も取材してくれないの？」と、ツリーハウス作りに携わったことのある訳者ともども思ったものである。
　なぜなら近年、日本でもツリーハウス・ブームの兆しがあるからだ。その立役者は、日本ツリーハウス協会（ジャパン・ツリーハウス・ネットワーク：www.treehouse.jp）の代表を務める小林 崇氏。彼は若き日にアメリカの第一人者ピーター・ネルソンと出あい、樹上の家の神秘的な魔力に取り憑かれた日本のツリーハウス・クリエーターの先駆者である。
　小林氏はこれまでに日本各地で十数棟の物件を手掛けている。その経験を生かして創造集団「ツリーハウス・クリエーション」を立ちあげ、各地からの要望に応え、日本独自のツリーハウス文化を芽吹かせようと全国を巡っては種蒔きをつづけている。
　本書のおまけとして、その最近作3棟（山梨、高尾山、沖縄）を紹介しておこう。いずれも日本の豊かな自然を生かした、木に優しい職人技を見せている。
　ところで、「ツリーハウスって、どのくらいの費用がかかるの？　期間はどのくらいかかるの？」とよく聞かれる。費用の方は立地条件と規模によってまちまちだが、製作日数は4～5人のスタッフで作業して建物だけなら2～3週間で完成する。内装まで作り込むと約1カ月くらいかかるだろう。
　なかには自分で挑戦してみようと思っている人もいるだろう。アダムいわく、「初めに木ありき」。まずは、いいホストツリーを見つけることだろう。手始めに、本書の「二人用ツリーシート」（P120）に挑戦してみてはいかがだろうか。

山梨の北杜市オオムラサキ・センターの欅に

高尾山麓の傾斜地に立つ樅の木に

沖縄の海の見える今帰仁の丘に建てられた2棟（左ページと右）。右の琉球エノキのてっぺんに造られた家はプラネタリウムをかたどり、スケルトンの天蓋からは満天の星が眺められる。アプローチの2層のテラスも斬新なデザイン

ツリーハウスで遊ぶ
TREEHOUSES

著者	ポーラ・ヘンダーソン & アダム・モーネメント
訳者	日本ツリーハウス研究会 & 柳田亜細亜

発行所　株式会社 二見書房
　　　　東京都千代田区神田神保町1-5-10
　　　　電話 03(3219)2311 営業
　　　　　　 03(3219)2315 編集
　　　　振替 00170-4-2639

編集	浜崎慶治
カバーデザイン	ヤマシタツトム
印刷／製本	図書印刷 株式会社

落丁・乱丁本はお取り替えいたします。定価は、カバーに表示してあります。

©Futami Shobo 2006, Printed in Japan.
ISBN4-576-06112-7
http://www.futami.co.jp